개인이 주식시장을 이기는 방법

당신이 올라탈 주식은 따로 있다

개인이 주식시장을 이기는 방법

초판 1쇄 2019년 7월 20일
2쇄 2019년 8월 12일

지은이 이강혁
펴낸이 전호림
책임편집 임경은
마케팅 김선미 김혜원

펴낸곳 매경출판㈜
등록 2003년 4월 24일(No. 2 – 3759)
주소 (04557) 서울시 중구 충무로 2(필동1가) 매일경제 별관 2층 매경출판㈜
홈페이지 www.mkbook.co.kr
전화 02)2000 – 2633(기획편집) 02)2000 – 2645(마케팅) 02)2000 – 2606(구입 문의)
팩스 02)2000 – 2609 **이메일** publish@mk.co.kr
인쇄 · 제본 ㈜M – print 031)8071 – 0961
ISBN 979–11–5542–994–5(03320)

이 도서의 국립중앙도서관 출판예정도서목록(CIP)은 서지정보유통지원시스템 홈페이지(http://seoji.nl.go.kr)와
국가자료공동목록시스템(http://www.nl.go.kr/kolisnet)에서 이용하실 수 있습니다.
(CIP제어번호:CIP2019023751)

당 신 이 올 라 탈 주 식 은 따 로 있 다

개인이
주식시장을
이기는 방법

이강혁 지음

매일경제신문사

주식시장에서 승리할 수 있는 방법

2018년 말 기준으로 우리나라 개인 주식투자자는 550만 명을 돌파했습니다. 주식은 계좌만 개설하면 쉽게 거래할 수 있고, 운만 따라준다면 큰돈을 벌 수도 있습니다. 단기간에 대박이 나기도 합니다. 하지만 오랫동안 주식에 투자한 사람이라면 꾸준히 수익을 내는 것이 얼마나 어려운지 잘 알 것입니다. 주식투자를 오래 한 사람은 많지만 돈을 많이 번 사람은 드뭅니다. 약세장에서는 이익은 고사하고 잃지만 않아도 성공이라 할 수 있습니다. 그럼에도 불구하고 주식시장에는 새로운 투자자가 계속해서 들어옵니다. 큰돈을 잃었음에도 시장을 떠나지 못하는 사람들도 있습니다.

주식투자에 정답은 없습니다. 수많은 투자기법이 존재하기 때문에 자신에게 맞는 방식을 찾는 것은 어렵습니다. 특히 주식에 대한 기본 지식을 갖추지 못한 경우에는 선택하기가 더 어렵죠. 기본 지식이 있더라도 성격과 맞지 않거나 통찰력이 없다면 성공하기 힘들 겁니다. 그래서 주식투자로 돈 벌기가 쉽지 않은 것입니다.

우리는 장기투자야말로 투자의 정석이자 가장 성공적인 방법이라고 들어왔습니다. 유명한 워런 버핏도 장기투자로 성공했습니다. 장기투자 신봉자가 많다 보니 주식투자 책 중에는 장기투자에 대한 것이 가장 많습니다. 장기투자는 성공 사례가 많습니다. 그러나 성공 사례가 많다는 이유로 일반투자자가 어설프게 흉내 냈다가는 실패할 수 있습니다. 장기투자야말로 전문가의 영역입니다. 장기투자는 종목에 대한 사전 지식과 꾸준한 관찰, 주가에 대한 가치 분석력, 웬만한 주가 변동에도 흔들리지 않는 배짱과 끈기, 통찰력 등 많은 능력을 갖춰야 가능합니다.

데이트레이딩이나 기술적 분석도 많이 쓰이는 방법입니다. 하지만 기술적 분석은 일반투자자가 관련 지식을 갖추기 어렵습니다. 계량적 데이터를 이용해 주식 방향을 예측하는 방식 역시 일반투자자가 접근하기 쉽지 않습니다.

시중에 기본적 분석을 다루는 책은 많습니다. 하지만 회계적 지식이 부족하면 책의 내용을 이해하기 힘듭니다. 실전에 적용하기까지 시간도 너무 많이 걸립니다. 주식 관련 책은 굉장히 많지만, 일반투자자들이 쉽게 이해할 수 있고 따라 하기 좋은 투자방법을 제시하는 책은 드문 것 같습니다.

필자는 투자전략가, 애널리스트, 펀드매니저, 지점장 등 다양한 직무를 경험했습니다. 그 동안의 경험을 통해 일반투자자가 꼭 알아야 할 기본 지식과 주식시장을 이기는 영리한 전략을 이 책에 담았습니다.

책은 크게 4개의 파트로 구성됩니다. 파트1에서는 주식시장에 대해 이야기합니다. 이론적인 내용보다는 30년간 주식시장에서 느낀 점과 개인투자자들이 많이 궁금해하는 내용을 중심으로 다뤘습니다.

파트2와 3에서는 주식투자를 한다면 꼭 알아야 하는 기본적 분석을 설명하고 있습니다. 많이 사용하지 않는 분석은 과감히 생략하고 꼭 알아야 하는 분석만을 이해하기 쉽도록 썼습니다. 주식투자에서 중요한 것은 안목입니다. 안목을 키우기 위해서는 기본 지식이 필요합니다. 가장 기본적인 내용인 재무제표 보는 법, 재무비율 분석, 밸류에이션 분석 방법 등을 쉽게 정리했습니다.

파트4에서는 개인투자자들이 주식시장을 이길 수 있는 방법 10가지를 소개합니다. 특히 개인투자자들이 접근하기 좋은 실적 모멘텀 투자에 가장 많은 분량을 할애했습니다. 흔히 말하는 모멘텀 투자와 유사하나 좀더 간편하고 가치투자와 기술적 분석을 혼합한 개념이라 할 수 있습니다.

실적 모멘텀은 말 그대로 기업의 경영 성적이 좋아져 향후 가치가 개선돼 주가가 상승할 것으로 기대되는 것입니다. 기업의 실적은 재무제표에서 확인할 수 있으며 실적이 좋은 기업의 주가는 지속적으로 상승합니다. 모멘텀 소멸은 실적의 정체 및 부진입니다. 따라서 실적 모멘텀 투자는 투자기간이 중요하지 않습니다. 투자하는 기업의 실적 모멘텀이 계속 있으면 자연스럽게 장기투자를 하게 됩니다. 실적 모멘텀이 있는 주식에 투자하면 됩니다. 강세장에서는 모멘텀이 있는 기업이 많아지므로 모멘텀 투자가 용이합니다. 반면 약세장이라면 기업들의 상승 모멘텀이 없는 경우가 많아 모멘텀 투자가 용이하지 않을 수도 있습니다. 모멘텀이 있는 종목을 발굴하기 어려우면 투자를 쉬면 됩니다. 이런 식으로 투자하면 약세장에서는 자연스럽게 투자 비중을 줄이게 되고 강세장에서는 투자 비중이 늘어나게 됩니다. 실적 모멘텀 투자는 장기투자가 현실적으로 어려운 개인투자자에게 좋은 대안입니다.

이 책은 전문가용이 아닙니다. 투자자마다 철학이 다르기 때문에 모든 사람을 만족시킬 수 없습니다. 그러나 주식을 처음 하는 사람, 다시 시작하는 사람 혹은 제법 경력이 됐음에도 자신만의 투자방법을 확립하지 못한 사람 그리고 금융기관에서 일하는 PB들에게 많은 도움이 될 수 있을 것입니다.

세상에 어떤 책도 대박 나는 법을 가르쳐주지는 않습니다. 대박은 개인의 노력과 운 그리고 타고난 자질 등이 조화를 이룰 때 얻을 수 있습니다. 주식을 계속 하려면 꼭 대박이 나지 않아도 괜찮습니다. 기대수익률만 충족하면 됩니다. 돈을 벌기 위해 주식투자를 하지만 그보다 더 중요한 것은 돈을 잃지 않는 겁니다. 시장을 잘 이해하고 자신만의 투자방식을 찾는 것이 주식시장에서 돈을 지키고 승리할 수 있는 비법입니다.

이 책은 강의 내용을 중심으로 쓰였습니다. 그래서 강의 듣는 것 같은 느낌이 들도록 대부분 경어체, 가끔은 대화체로 서술했습니다. 이 책에 도움을 주신 삼성증권 맹영재 수석, 투자정보팀 후배들과 감수를 기꺼이 해준 김선열 회계사님, 포스코경영연구원 오정훈 상무님께도 감사드립니다. 아울러 이 책이 세상에 나올 수 있도록 협조를 아끼지 않은 매경출판 임직원 여러분께도 감사 인사를 드립니다.

이강혁

CONTENTS

PART **I**

주식시장부터
이해해야 한다

월스트리트 격언 중 '시장은 항상 옳다'라는 말이 있습니다. 월스트리트의 위대한 투자자들이 시장에서 승리한 이유 중 하나는 시장에 철저히 순응했기 때문입니다. 과연 우리나라 주식시장에서도 이 말이 통용될까요? 결론부터 말하면 우리나라 주식시장에서도 통용됩니다.

코스피 지수가 처음 등장한 1980년 이래 주식시장은 꾸준히 성장했습니다. 우리나라 경제 상황과 기업 가치를 정직하게 반영해왔으며 또한 점점 효율적인 시장이 되고 있습니다. 하지만 역설적으로 분석력과 정보력이 떨어지는 개인투자자들이 시장에서 승리하기가 더 어려워졌습니다. 이러한 상황에서 돈을 버는 개인투자자는 과연 누구일까요?

안타깝게도 소수의 영리한 개인들만이 주식시장에서 승리하고 있습니다. 성공한 개인투자자들의 특성을 살펴보면 타고난 자질도 크게 작용하지만 공통점이 있습니다. 그것은 바로 기본기, 꾸준함, 자신의 투자성향에 맞는 스마트한 투자전략입니다. 따라서 우리는 이들의 승리 방식을 배울 필요가 있습니다. 그리고 앞서 가장 우선적으로 해야 할 일은 시장에 대한 이해와 자신(투자성향, 기본기, 투자습관 등)에 대해 잘 아는 것입니다. 이 모든 것은 약간의 지식과 노력이면 충분합니다.

주식시장의 역사가
주는 메시지

1989년, 사상 첫 1,000pt 돌파

우리나라 주식시장은 1956년 처음 열렸으나[1] 주식시장 대표지수인 코스피는 1980년 1월 4일 종가지수 100pt를 기준으로 시작됐습니다. 2018년 말 기준으로 2,041pt이니 38년간 20배 정도 오른 셈입니다. 사상 최고치는 2,598pt입니다(2018년 1월 말 종가 기준).

이 기간에 큰 폭의 상승도 여러 번 있었고 충격적인 추락도 몇 번 겪었습니다. 의미 있는 상승은 1986~1989년, 1998~1999년, 2005~2007년, 2016~2017년 이렇게 4번입니다. 이중 주가 상승률

---

1 현대적 의미의 '한국증권거래소'는 1956년 3월 명동에서 시작됐지만, 최초의 증권시장은 1932년 1월 '조선취인소'에서 시작된 것으로 알려져 있다.

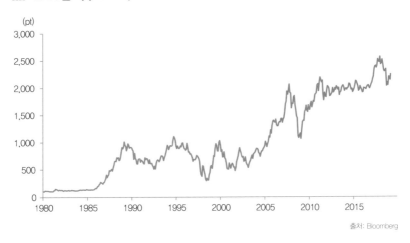

1980년 이후 코스피

(pt)

출처: Bloomberg

이 가장 높은 시기는 언제일까요? 바로 첫 번째 상승기입니다. 저유가, 저금리, 저환율 등 이른바 3저 호황에 힘입어 지수가 150pt 근처에서 거침없이 상승했습니다. 1989년에는 최초로 1,000pt를 돌파하게 됩니다. 상승률로는 600%를 넘었으니 다른 상승장의 수익률을 압도합니다. 이때 트로이카주로 불렸던 무역, 건설, 금융주는 수십 배씩 상승하기도 했습니다. 대학의 수많은 인재들이 증권사로 몰려들었습니다. 당시는 억대 연봉이 흔치 않았던 시절인데 이때부터 몇몇 증권사 직원의 연봉이 1억을 넘겼고 선망의 대상이 되기도 했습니다. 당시 대학생이었던 필자는 증권사에 취직한 친구, 선배들로부터 근사한 저녁을 몇 번 얻어먹었던 기억이 생생합니다.

16년간 박스권(1989~2005년)

1989년 지수가 1,000pt를 돌파하자 각 증권사의 저명한 시황분석가들은 국내 주가가 곧 2,000pt를 넘어설 것이라는 전망을 쏟아냈습니다. 한 유명 애널리스트는 우리나라 주가가 다른 나라에 비해 너무 저평가됐다며 3,000pt를 넘어설 것이라는 전망을 내놓기도 했습니다. 하지만 결과는 정반대였습니다. 거침없이 올라갈 것 같던 주가는 그 후에도 오랫동안 500~1,000pt 박스권에 갇히게 됩니다. 무려 16년 동안입니다.

16년간 주식시장에서 많은 일이 벌어졌습니다. 1992년 외국인에게 직접투자가 허용되면서 태광산업, 한국이동통신(현 SK텔레콤) 같은 저PER 종목들이 큰 폭으로 상승했고, 외국인들의 투자기법이 우리나라에 본격적으로 소개되기 시작했습니다. 한편 1997년에는 외환위기가 찾아와 주가가 280pt까지 떨어졌습니다. 이때 외국계 한 애널리스트는 한국 주식이 100pt 정도까지 떨어질 것이라고 전망하는 등 주가가 당분간 회복되기 어렵다는 비관론이 팽배했습니다. 절대 도산할 일 없을 것 같던 제일은행, 한일은행이 문을 닫았고 일부 증권사도 도산하고 말았습니다.

IMF 권고 수용, 정부 주도의 기업구조 조정, 세계 경기 회복세와 맞물려 국내 경기가 점차 회복되면서 주가도 극적인 반전이 이뤄졌습니다. 나락으로 떨어지던 주가는 1년 반 만에 1,000pt를 회복했습니다. 저점 대비 지수 상승률이 350%를 넘었습니다. 당시 시장을 주도하던 일부 IT주는 수십 배씩 상승했습니다. 특히 코스닥시장의 주가는 610pt에서 2,900pt까지 순식간에 올라갔습니다. 그 후 코스닥 주가는 1,000pt도 돌파한 적이 없습니다. 이와 같은 사실은 당시 주가가 얼마나 버블이었는지 잘 보여줍니다. 버블 후유증과 우량기업의 코스닥 외면 등으로 코스닥 사상 최고치 돌파는 아직도 요원해 보입니다.

2007년 단숨에 2,000pt 돌파

IT 버블 붕괴와 함께 주가는 다시 500~1,000pt 박스권에 갇히고 맙니다. 그러던 주가가 2005년부터 서서히 상승해 2006년부터는 사상 최고치를 경신하고 2007년에는 단숨에 대망의 2,000pt에 도달합니다. 지난 16년간 지루하게 박스권에 갇혀있던 국내 주식시장에 무슨 일이 일어난 걸까요?

중국 특수, 회계 투명성 강화, 정부의 시장간섭 감소 등 여러 요인이 있으나 무엇보다 가장 큰 이유는 외부 환경에 따라 크게 요동쳤던 이익의 변동성이 감소하는 등 질적 측면이 개선되었기 때문입니다. 특히 전자, 자동차, 철강, 조선, 금융 등 한국을 대표하는 업종들의 이익이 크게 늘어납니다. 2004년 60조 원 초반이던 코스피시장[2] 기업들의 전체 순이익이 2007년 말에는 75조 원까지 늘어납니다. 16년간 장기 박스권에 갇혀있던 코스피는 시장 PER이 15배를 넘어서기도 했습니다. PER이 거의 10배를 넘지 못하던 증시가 밸류에이션 벽도 허물자 많은 애널리스트들은 드디어 한국 주식시장이 디스카운트에서 벗어나기 시작했다고 자평

---

2 정식 명칭은 유가증권시장이나 이 책에서는 일반적으로 불리는 코스피시장과 거래소시장을 함께 사용한다.

하면서 조만간 3,000pt에 도달할 것이라는 장밋빛 전망을 쏟아내기 시작합니다. 그러나 2008년 미국 발 금융위기가 전 세계를 강타하자 주가는 순식간에 반 토막이 나면서 890pt까지 떨어집니다. 대외 무역의존도가 높은 한국은 다시 IMF 시절로 돌아갈지도 모른다는 불안한 뉴스까지 쏟아져 나왔습니다.

그러나 대 반전이 일어납니다. 미국의 재정 및 금융정책이 효과를 발휘하자 전 세계 금융시장이 점차 안정을 찾으면서 코스피는 오히려 사상최고치를 경신하며 OECD 국가들 중 가장 높은 상승률을 기록합니다. 불과 1년만입니다. 부정적인 전망을 퍼붓던 해외 기관들은 사과하기까지이릅니다. 한국 시장이 이렇게 빨리 회복한 이유는 무엇일까요? 바로 기업들의 실적에 있습니다. 금융기관들의 실적은 형편없었지만 삼성전자, 현대차 등 한국 주력 기업들의 실적은 양호했기 때문입니다. 금융기관의 부진에도 2009년 코스피 기업들의 순익은 60조 원에 달했고 그 다음 해에는 무려 100조 원을 넘어섰습니다.

2017년 다시 사상최고치 돌파

2011년, 금융위기의 여파가 다시 확산되고 유럽에 재정위기가 찾아오면서 전 세계 증시는 다시 요동치기 시작합니다. 국내 증시도 마찬가지였습니다. 미국의 신용등급 하락, PIIG(포르투갈, 이탈리아, 아일랜드, 그리스)라 불리는 유럽의 재정 부실 국가 위기 등이 연이어 이어지면서 시장은 몇 년간 1,800pt에서 2,200pt에 갇히고 맙니다. 위기 뉴스가 전해질 때마다 시장은 1,500pt 이하로 급락할 줄 모른다는 부정적 전망을 이겨내면서 저점을 높여갔습니다. 이때 시장 PER도 8~12배 사이를 유지합니다. 과거 1990~2000년 중반까지 시장 PER이 10배가 넘기 어려웠던 것을 감안하면 어느 정도 코리아 디스카운트가 해소됐다고 볼 수 있겠습니다.

한편, 시장이 예상보다 잘 버티자 애널리스트들의 낙관론이 다시 등장하기 시작합니다. 2010년 코스피 기업들의 실적이 100조 원을 넘기자 각 증권사 애널리스트들은 코스피 기업들의 연간 추정실적을 매년 120조 원, 130조 원 등으로 자신 있게 전망했습니다. 하지만 시장의 실적은 애널리스트의 기대와 달리 2015년까지 100조 원에 못 미칩니다. 2016년에야 간신히 100조 원을 살짝 넘기게 되죠. 이때마다 시장은 실적에 실망한 듯 2,200pt를 넘지 못하고 이른바 박스피(Boxpi)라고 일컫는 박스권

📊 **시장 PER 추이**

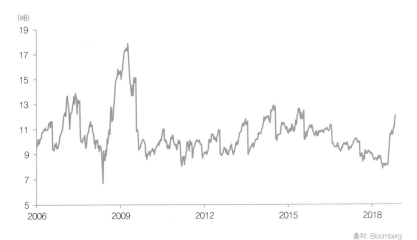

출처: Bloomberg

에 갇히고 맙니다. 급기야 애널리스트들도 다소 보수적으로 연간 실적을 보기 시작합니다. 그러나 2017년 코스피 기업들의 연간 실적이 애널리스트들의 예상치를 훨씬 넘는 150조 원을 기록하자 코스피는 반도체, 은행 등을 중심으로 상승하며 몇 년간 갇혀있던 박스피를 돌파하고 사상 최고치인 2,598pt를 기록합니다. 예외 없이 이제는 조만간 3,000pt를 넘을 거라는 예측이 나오기 시작했습니다. 그러나 증시는 미국 및 중국경기 둔화, 반도체 실적 우려 등이 겹치며 견고할 것 같은 2,000pt도 한때 무너졌습니다. 그 후 주식시장은 아직 의미 있는 반등이 나오지 않고 있습니다.

여기까지가 1980년 이후 우리나라 증시 흐름입니다. 앞으로 어떻게 될까요? 조정을 끝내고 상승할까요? 아니면 하락 기조로 돌아갈까요? 아니면 박스권으로 회귀할까요? 시장을 맞추는 건 참 어려운 일입니다. 필자도 애널리스트로 일한 적 있으나 시장을 정확히 맞추는 일은 불가능한 것 같습니다.

그러나 코스피 흐름을 보면 앞으로 어떻게 움직일지 예단할 수 있는 변수가 있습니다. 바로 시장의 밸류에이션(Valuation)입니다. 그동안 한국 시장은 철저히 밸류에이션에 의해 움직였습니다. 많은 시장 분석가들은 과거나 지금이나 한국 시장은 항상 저평가 상태라고 말합니다. 제자리를 조만간 찾아갈 것이고 심지어 디스카운트된 것을 많이 억울해하기도 합니다. 그러나 단언컨대 한국 시장은 저평가된 적 없고 항상 공정히 평가됐습니다. 물론 저평가되거나 과대평가된 적은 있었습니다. 그것은 시장의 흐름에 따른 일시적인 상황에 불과했습니다. 케인즈가 말했듯이 주식시장은 미인 콘테스트입니다. 우리끼리만 저평가됐다고 말해봤자 소용없습니다.

저평가의 원인

왜 한국 시장은 다른 나라에 비해 낮게 평가될까요? 첫째, 기업 이익의 질 때문입니다. 1990년대부터 2000년 중반까지 한국 시장의 이익 변동성은 매우 컸습니다. 대외 의존도가 높은 개방경제 구조에서는 숙명과도 같은 것입니다. 당시에는 삼성전자도 적자가 났습니다.[3] 매년 50조원 이상의 순이익을 내는 지금과 비교하면 상상이 안 됩니다. 심지어 국가와 기업들의 체질이 약해 금융위기까지 겪었습니다. 이러한 상황이 해소되고 체력이 길러진 것은 2000년 중반 이후입니다. 삼성전자를 비롯해 경쟁력 있는 기업들이 나오고 금융시스템도 안정되면서 비로소 시장 PER이 상향됐습니다. 물론 이 기간 동안 회계 시스템도 발전하고 정부의 정책도 많이 투명해졌습니다.

이익의 질이 많이 개선됐음에도 왜 한국 시장은 기대만큼 올라가지 못할까요? 불균형적인 산업구조에서 두 번째 원인을 찾아볼 수 있습니다. 2000년 이후 우리나라는 이른바 전자와 자동차 기반으로 성장했습니다. 그 결과, 많은 이익이 두 산업에 편중되고 의존도가 커졌습니다. 이

---

3 삼성전자 가전과 합병하기 전 삼성반도체

미 두 축 중 하나인 자동차는 영업이익률이 낮아지고 있고 잘 나가던 반도체도 불안한 전망이 대두되고 있습니다. 다른 산업의 비중이 높아지지 않는 한 이 부분은 당분간 해소되기 어렵습니다.

셋째는 배당입니다. 배당은 주식투자의 기본적인 수익원입니다. 배당이 늘어나면 투자자금의 회수기간을 짧게 할 뿐 아니라 다른 상품 대비 매력도가 커져 주식의 수요를 증가시킬 수 있습니다. 그러나 우리나라 기업들은 배당에 인색합니다. 2017년 기준으로 국내 상장사의 배당성향은 약 18%에 불과합니다. 한해 번 돈의 18%만이 주주 몫으로 돌아간다는 의미입니다. 다른 나라와 비교하면 너무나 낮은 수준입니다. 영국, 이탈리아, 대만은 50%를 상회하며 프랑스, 캐나다 등은 40%대입니다. 미국, 독일 등도 30%를 훨씬 넘습니다. 이처럼 낮은 배당정책은 주가 상승의 걸림돌이 되고 있습니다. 다행인 것은 점차 배당이 늘어나고 있다는 점입니다. 배당성향이 높아지고 있다는 점은 한국증시의 새로운 상승 동력이 될 수 있습니다. 삼성전자가 배당정책을 글로벌 수준으로 높인 이후 주가가 탄력을 받았던 것은 시사하는 바가 큽니다.

넷째, 시장의 ROE 수준입니다. ROE는 수익성과 자본의 효율성을 나타내는 중요 지표로 그 유용성이 점점 커지고 있습니다. 우리나라 ROE는 2018년 기준으로 9% 정도입니다. 높아지는 추세지만 선진국에 비하면 아직도 많이 낮은 수준입니다. 미국 기업들의 평균 ROE는 14%가 넘고 다른 주요 선진 증시 기업의 평균 ROE도 10% 이상입니다. ROE가 낮으면 PBR을 높게 부여할 수 없습니다. 자본효율성이 떨어지는 자산을

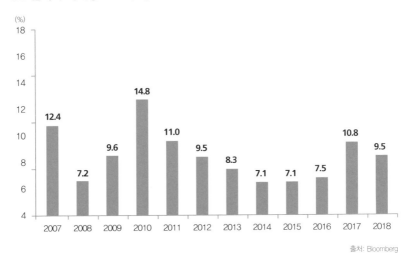

(%)

12.4 7.2 9.6 14.8 11.0 9.5 8.3 7.1 7.1 7.5 10.8 9.5

2007 2008 2009 2010 2011 2012 2013 2014 2015 2016 2017 2018

출처: Bloomberg

가진 기업을 높이 평가할 수 없기 때문입니다. 우리나라 시장의 PBR은 다른 나라에 비해 낮습니다. ROE가 낮기 때문입니다. ROE를 올리는 것은 매우 어렵습니다. 그렇기 때문에 ROE가 높은 기업이나 시장은 좋은 평가를 받습니다.

앞에서 언급한 기업의 이익, 산업구조, 배당, ROE 등을 고려할 때 우리나라 증시가 '저평가' 됐다고 말하기는 어렵습니다. 산업구조의 개선처럼 시간이 걸릴 부문을 제외하고는 조금씩 좋아지고 있습니다. 이는 경기가 하강해도 주가가 하방 경직성을 가질 가능성이 크다는 점을 시사합니다. 또한 다음 번 상승에서 이와 같은 개선이 시장에 적절히 반영된다면 지수는 더 상승할 여력을 가지게 됩니다. 최근 성장 둔화로 주가가 당분간 박스권에 머무를 가능성이 큽니다. 그러나 다음 번 상승은 이유 있는 상승일 것이라고 조심스럽게 희망해봅니다.

우리나라 시장은 항상 적정가치에서 움직였습니다. 그리고 우리나라 시장은 밸류에이션에 의해 지배됩니다. 이것이 시장이 우리에게 주는 가장 큰 교훈입니다. 시장은 우리에게 너무 상승하면 겸손하라고 충고하고 너무 떨어지면 겁먹지 말라고 위로합니다.

주가에 영향을
미치는 요소

경기 예측

주가가 무엇으로 결정되는지 수학 공식처럼 명확하다면 미래의 가격을 미리 알 수 있겠죠. 많은 사람들이 주가를 예측하려고 애쓰고 있지만 주가를 계속해서 맞춘 사람은 없었습니다. 피터 린치 같은 일부 유명한 투자자들은 "주가를 예측하느니 그 시간에 종목 하나라도 더 분석하겠다"고 말했습니다. 한마디로 주가를 예측하는 것은 쓸데없는 일이라는 것이죠. 여자의 마음과 개구리가 튀는 방향 그리고 주가는 아무도 모른다는 우스갯말이 있을 정도입니다. 그럼에도 불구하고 우리는 내일, 일주일, 한 달 혹은 1년 뒤 주가가 어떻게 될지 궁금해하며 고수들의 말에 항상 귀 기울이고 있습니다. 리서치 연구기관들은 나름대로

📊 **코스피와 경기선행지수**

```
(pt)                                                    (pt)
2,800                                                   106

                                                        104
2,300
                                                        102

1,800
                                                        100

1,300
                                                        98

 800                                                    96

 300                                                    94
   2000  2002  2004  2006  2008  2010  2012  2014  2016  2018
```

——— 코스피(좌측)   ——— 경기선행지수(우측)

출처: 통계청, 한국거래소

의 전문성을 바탕으로 경기 전망을 하며 이에 따른 주가 전망 리포트를 발행하고 있습니다. 하지만 미국 금융위기를 예측했다는 미국 저명한 교수들의 전망도 항상 정답은 아닙니다. 가장 의심이 가는 부분이 경기 예측과 주가 전망입니다.

보통 주가는 경기사이클에 6개월 정도 선행합니다. 그래서 6개월의 경기를 나타내는 경기선행지수[1]와 움직임이 많이 일치합니다. 주가는 기업 이익에 가장 큰 영향을 받으며 기업 이익은 경기사이클에 중요한 영향을 미치기 때문에 경기사이클을 예측한다는 것은 주가의 중요한 전환점을

---

1 장래의 경기동향을 측정하는 지표로 산업활동과 주택동향, 금융통화 현황 등 각종 경기 관련 지표의 흐름을 복합적으로 따져 6개월 후의 경기 흐름을 가늠한다. 이 경기선행지수가 전월보다 올라가면 경기 상승, 내려가면 경기 하강을 의미한다.

예측하는 데 중요한 참고자료가 됩니다. 실제로 코스피와 경기선행지수 그래프를 보면 거의 비슷하게 움직이고 있음을 알 수 있습니다. 따라서 경기사이클만 정확히 예측한다면 주식투자로 얻을 수 있는 이익은 상상할 수 없을 정도로 큽니다. 때문에 수많은 투자기관이 주식시장을 예측하기 앞서 경기 전망을 조사합니다. 기관들은 데이터 축적에 많은 비용과 시간을 들입니다. 그러나 경기 전환점을 예측하는 것은 시장에서 별로 신뢰를 얻지 못하고 있습니다. 한두 번은 맞출 수 있어도 계속해서 예측하는 것은 불가능하기 때문입니다. 경기 관련 통계자료가 증가하고 있지만 결과는 마찬가지입니다.

일반투자자들의 경우, 경제 전망의 전문성을 갖추는 것은 매우 어렵습니다. 그뿐만 아니라 경제 관련 데이터나 리포트를 해석할 능력도 부족합니다. 그렇지만 전문가에게도 경기를 예측해 주가 수익률을 올리는 일은 어렵습니다. 어쩌면 일반투자자와 크게 다를 바가 없습니다. 실제로 주식투자로 성공한 경제학자는 거의 없습니다. 이러한 점에서 주식투자를 할 때 경기 전망을 잘해야 한다는 부담감에서 벗어날 수 있지만 그래도 경기 전망에 관심을 가져야 합니다. GDP가 2분기 연속 하락하면 침체기 신호가 될 수 있다든지 경기 논쟁이 불거지면 이미 저점이나 고점에 다다르거나 지나갈 수 있는 신호라든지 등 우리가 이익을 실현하거나 주식을 매수하기 망설일 때 참고할 수 있습니다. 투자자가 하는 행동 중 가장 위험한 것은 경기를 그대로 받아들이는 것입니다. 경기가 좋을 때 너무 낙관하고 반대로 경기가 나쁠 때 비관하는 것입니다. 경기를 예측하는 것은 거의 불가능에 가깝지만 침체기나 호황기가 우리가 대비하지 못할 정도로 빨리 지나가지 않기 때문에 투자 방향을 전환할 수 있는 시간을 벌어줄 수는 있습니다.

미국 유명 투자전략가인 제러미 시겔(Jeremy Seigel)은 저서 《주식에 장기투자하라》에서 경기사이클 예측에 대해 이렇게 말했습니다.

"고점이나 저점이 수개월 지나기 전 경기사이클 전환점을 맞춘다는 것은 거의 불가능하다. 따라서 전환점이 확인된 후 행동을 취하면 이미 늦다. 경제 상황을 분석함으로써 주식시장을 능가하는 수익률을 올리려면 전문가들도 갖고 있지 않은 통찰력이 필요하다."

주가에 영향을 미치는 요소

어떤 사람들은 경기 예측뿐 아니라 주식 전망도 불가능하며 심지어는 쓸모 없는 행위로 여깁니다. 그러나 주식 전망은 필요합니다. 주가는 경제 상황, 기업의 실적, 수요와 공급 등 여러 요인에 의해 움직이며 당시 경제 및 기업 상황을 잘 반영하고 있는 것은 분명하기 때문입니다. 주가지수를 정확히 맞출 필요는 없습니다. 그렇지만 현 주식시장이 강세장인지 약세장인지 아니면 횡보를 할 것인지 생각하는 것은 주식투자에 많은 도움이 됩니다.

세상 모든 재화와 용역의 가격은 수요와 공급에 의해 결정됩니다. 주가도 마찬가지입니다. 수요보다 공급이 많으면 주가가 떨어지고 공급보다 수요가 많으면 주가는 올라갑니다.

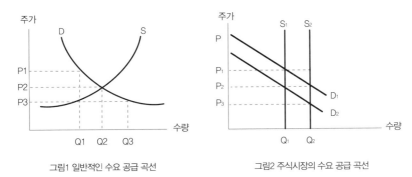

일반적인 수요 공급 곡선과 주식시장의 수요 공급 곡선

그림1 일반적인 수요 공급 곡선   그림2 주식시장의 수요 공급 곡선

일반적으로 수요와 공급 곡선은 그림1 같이 움직입니다. 주식시장도 마찬가지입니다. 그런데 단기적으로 보면 주식시장의 수요와 공급 곡선은 그림2와 같이 움직인다고 볼 수 있습니다. 주식시장은 수요가 늘어난다고 공급을 갑자기 늘릴 수 없기 때문입니다. 시장이 활황일 때, 기업 공개 수요는 많아지고 점차 공급량(상장주식수)이 증가합니다. 한번 증가한 공급량은 특별한 경우인 상장폐지와 감자 등을 제외하고는 줄지 않습니다. 그렇기 때문에 시간이 지나면 상장회사는 증가하고 그에 따라 공급량은 증가합니다.

공급이 계속 늘면 공급 부담 때문에 주가가 내려갈까요? 너무 많은 상장 물량이 쏟아지기 전까지는 괜찮습니다. 1980년대 말, 증시 활황으로 인해 너무 많은 증자와 신규 상장 물량이 쏟아지자 약세장으로 전환된 후 공급량 때문에 고생한 적이 있습니다. 이후 상장 물량이 갑자기

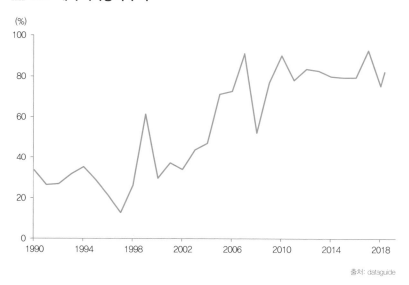

GDP 대비 시가총액 추이

(%)

출처: dataguide

증가한 적은 없습니다. 그리고 국내총생산(GDP) 수준도 늘기 때문에 공급이 증가해도 GDP 대비 시가총액 비중은 크게 부담되는 수준이 아닙니다.[2] 2006년 이후 GDP 대비 시가총액은 80~90% 수준에서 움직이고 있습니다. 이런 측면에서 GDP 대비 시가총액 비중 추이는 시장을 평가하는 데 좋은 참고자료입니다.

사실 공급이 주가에 미치는 영향은 제한적입니다. 이미 발행된 주식 수는 정해져 있기 때문입니다. 주어진 수량 안에서 시황에 따라 공급량이 정해집니다. 그런데 시장의 수요는 여러 가지 요인에 의해 영향을 받

---

2 미국, 영국, 일본 등은 GDP 대비 시가총액 비중이 100%를 넘으며 각 나라별로 편차가 크다.

습니다. 필자가 투자전략가로 일한 90년대 당시 운 좋게도 우리나라에서 가장 실력 있는 시황 전문가들을 거의 다 만날 수 있었습니다. 많은 의견을 주고받으면서 그들이 시장을 어떻게 전망하는지 공통점을 정리할 수 있었습니다. 그들의 사고 프레임은 시장 상황을 파악하는 데 많은 도움을 주었습니다. 사고 프레임은 3가지로 요약됩니다. 시장의 밸류에이션, 수급, 투자심리입니다. 물론 여기엔 언급되지 않은 수많은 요소가 있습니다. 그렇지만 크게 3가지 요소가 영향을 주고받으면서 시장을 움직입니다.

첫째, 시장의 적정을 판단하는 밸류에이션입니다. 밸류에이션을 평가하는 지표는 여러 가지가 있습니다. 가장 많이 사용되는 것은 PER,

📊 전문가들은 어떻게 시장을 전망할까?

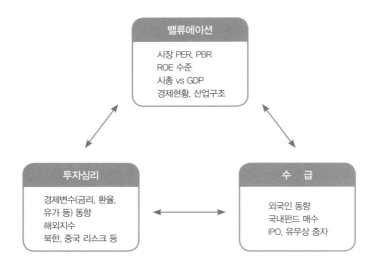

PBR입니다. 그 나라의 배당과 ROE 수준, GDP 대비 시가총액 수준, 경제현황 그리고 산업구조 등도 영향을 미칩니다.

두 번째로는 투자심리입니다. 주식시장은 일종의 심리 게임이라 할 만큼 심리가 많은 영향을 미칩니다. 존 템플턴은 말했습니다. "강세장은 비관 속에 태어나 회의 속에 자라며 낙관 속에 성숙해 행복 속에 사라진다"고. 이대로만 실행했어도 필자는 큰 부자가 됐을 겁니다. 그러나 약세장에서는 매입을 망설이고 강세장에서는 흥분한 적이 한두 번이 아닙니다. 이 교훈이 주는 의미를 잘 알고 있지만 앞으로도 수없이 교훈과 다르게 행동할 것입니다.

투자심리에 영향을 주는 뉴스가 매일 쏟아집니다. 전일 해외증시가 급등락하는 날이면 다음 날 우리나라 시장도 요동을 칩니다. 경제, 금리, 환율 뉴스 등도 마찬가지입니다. 우리는 뉴스에 너무 민감하게 반응합니다. 대표적인 예가 2016년 발생한 브렉시트입니다. 브렉시트가 발생하자 10% 이상 폭락하는 등 시장이 요동쳤습니다. 하지만 지금 와서 보면 그때 흔들려서 주식을 매도한 사람들은 다 패자였습니다. 또 수없이 많았던 북한 리스크는 어떠했나요? 의미 있는 뉴스라면 결국에는 밸류에이션에 영향을 줄 것입니다. 단발성 뉴스가 시장에 지속적으로 영향을 미치지는 않습니다. 따라서 뉴스에 너무 일희일비할 필요 없습니다. 투자자에게 영향을 주는 뉴스는 극히 제한적입니다.

세 번째는 수급입니다. 여기서 말하는 수급은 매수 주체와 강도 등을 말합니다. 우리는 매수 주체를 크게 개인, 기관, 외국인 등으로 구분하니

코스피와 외국인 누적순매수 추이

(pt)

2,800

2,300

1,800

1,300

800

300

(십억 원)

25,000

20,000

15,000

10,000

5,000

0

(5,000)

2000 2002 2004 2006 2008 2010 2012 2014 2016 2018

―― 코스피(좌측)　　　　―― 외국인 누적순매수(우측)

출처: dataguide

다. 개별 주식도 매수 주체가 누구인지에 따라 영향을 받지만 전체 시장
도 마찬가지입니다. 안타깝게도 시장 수급의 주도권이 외국인에게 넘어
간 지 오래됐습니다. 1992년 처음으로 외국인에게 직접투자가 개방된 이
후 외국인의 영향력은 점점 더 커지고 있습니다. 2000년 이후 외국인 투
자 비중과 코스피 주가 추이를 보면 모양과 방향이 거의 유사합니다. 외
국인 비중은 2017년 38%까지 늘어난 이후 2018년 말 36%로 다소 떨
어졌습니다. 약세장으로 전환되면 외국인 투자 비중은 여지없이 줄었습
니다. 외국인 투자 동향도 당연히 한국 경기에 영향을 받습니다. 여기에

미국 금리, 원달러 환율 동향, 이머징 마켓 투자 비중 조정에 따라 영향을 받습니다. 특히 한국시장은 쉽게 돈을 뺄 수 있기 때문에 이머징 마켓 비중 축소가 전략적으로 선택될 때면 펀더멘탈에 관계없이 증시가 일시적으로 타격 받기도 합니다. 우리가 외국인 동향에 주목해야 하는 이유가 여기에 있습니다. 그렇지만 이들이 항상 승리자는 아닙니다. 외국인 투자자는 수없이 많으며 바보 같은 결정을 할 때도 많습니다. 금융위기 때 급락장을 주도했던 주체도 외국인이었습니다. 이들의 동향이 우리 시장에 큰 영향을 끼치고 있는 것은 사실이고 보통의 경우 시장의 추세적 방향과 이들의 투자 비중 변화는 같기 때문에 우리는 항상 이들의 동향에 주목해야 합니다. 한편 개별 종목의 경우, 기관의 영향도 커지고 있습니다. 특히 스튜어드십 코드(Stewardship Code)가 확산되고 정착될 때에는 국민연금과 같이 큰 기관투자자의 영향은 점점 더 커질 것입니다. 참고로 스튜어드십 코드는 연기금과 자산운용사 등 주요 기관투자자들을 위한 의결권 행사 지침입니다.

주식시장은
과연 효율적인가?

다수의 지지를 받고 있는 효율적 시장 가설

주식투자에서 가장 중요하면서 우월한 위치에 있기 어려운 것 중 하나가 정보입니다. 심지어 시장의 완전 효율성을 주장하는 투자전문가들은 어느 누구도 시장에서 정보 우위에 있을 수 없다고 말합니다. 바로 효율적 시장 가설 이론입니다. 즉, 주식시장에서는 가격이 이용 가능한 정보를 충분히 즉각적으로 반영하고 있어서 어떤 투자자도 이용 가능한 정보를 기초로 한 거래에 의해 초과 수익을 얻을 수 없다는 것입니다. 우리가 가진 정보는 이미 주가에 반영되었고 따라서 투자자에게 영향을 준 정보로 인한 가격 변화는 다시 발생하지 않습니다. 효율적 시장 가설은 정보의 수준에 따라 약형, 준강형, 강형 효율적 시장으로 구분됩니다.

약형 효율적 시장 가설은 과거의 모든 시장 정보가 이미 반영돼 있는 것을 말합니다. 약형 효율적 시장 가설에서는 과거의 주가 또는 수익률이 지닌 정보가 더는 초과 수익률을 올리는 데 유용하지 않습니다. 준강형 효율적 시장 가설에서는 과거의 정보뿐만 아니라 공개적으로 이용 가능한 모든 정보가 이미 시장에 반영돼 있어 시장보다 높은 수익을 올리는 것은 불가능합니다. 강형 효율적 시장 가설은 과거의 정보, 공개적으로 이용 가능한 정보뿐만 아니라 내부 정보까지 모두 반영돼 있다는 것입니다. 그래서 강형 효율적 시장에서는 이용 가능한 모든 정보를 활용하더라도 초과 이익을 실현하는 것이 불가능합니다.

효율적 시장 가설의 영향

효율적 시장 이론에 대한 반론도 많지만 시장에는 큰 영향을 끼쳤습니다. 이론을 바탕으로 패시브펀드가 등장합니다. 패시브펀드는 장기적으로 지수 수익률을 이기는 것이 어렵고, 주식 수익률은 장기적으로 우상향한다는 것에 주안점을 둔 펀드입니다. 패시브펀드의 대표적인 것이 인덱스펀드입니다. 인덱스펀드는 이름 그대로 지수 수익률을 추종하는 펀드입니다. 실제로 1976년 처음 등장한 인덱스펀드는 모든 펀드 평가에서 항상 상위권을 유지하는 놀라운 결과를 보이고 있습니다. 또한 패시브펀드의 한 종류인 ETF 시장이 날로 커지고 있습니다. 패시브펀드의 약 90%가 ETF입니다. 2002년 ETF 시장이 국내에 도입된 이래로 규모가 급속도로 커지고 있습니다. 시장 규모가 확대되는 것은 세계적 추세입니다. 이런 의미에서 효율적 시장 가설이 주식시장에서 매우 우월적인 이론인 것은 분명합니다.

시장이 효율적이지 않다는 증거들

시장이 효율적이지 않다는 증거를 많이 찾아볼 수 있습니다. 첫 번째 증거는 실적 발표 때마다 들려오는 '깜짝 놀람'입니다. 내부자 정보까지 시장에 다 반영되는 강형 효율적 시장이라면 어닝 쇼크(Earnings Shock) 또는 어닝 서프라이즈(Earnings Surprise) 같은 현상이 발생하지 않아야 합니다. 그러나 실적 발표 시즌마다 심심치 않게 예상 실적과 공표 실적이 큰 차이가 나는 기업들의 실적 놀람 현상이 발생하곤 합니다. 실적이 예상과 다르게 나올 수는 있습니다. 하지만 그 실적을 구성하는 제품 판매량, 판매 단가, 서비스 공급가, 원자재 구입가, 인건비 변동 등이 이미 시장에 알려져 있기 때문에 실적도 예측 가능하고 주가에 반영돼 있어야 하는데 여전히 실적 시즌에는 깜짝 놀람 현상이 발생합니다.

두 번째, 버블과 폭락 현상입니다. 2013년 노벨 경제학상 수상자인 예일대 로버트 실러(Robert Shiller)교수는 시장이 항상 효율적이지 않다고 주장합니다. 인간은 항상 합리적으로 행동하는 존재가 아니기 때문에 시장 정보를 자기만의 방식으로 오해해서 해석할 수 있으며 거기에 과민 반응을 할 수 있다고 봤습니다. 즉, 취득한 정보가 성공할지 실패할지 모르는 상태에서 분위기에 휩쓸려 투자할 수도 있다는 것입니다.

대표적인 예가 2000년 초반 전 세계를 휩쓴 IT 버블입니다. IT기업들의 주가가 이해할 수 없는 밸류에이션을 부여받으면서 믿을 수 없는 수준까지 올라갔지만, 결국 관련 기업들의 성장과 수익이 한계를 보이면서 도산하거나 쪼그라들자 순식간에 폭락했습니다. 당시 나스닥 주가는 5,100pt에서 2년 만에 1,100pt 초반까지 급락했습니다. 국내 코스닥 주가는 2,900pt에서 500pt 초반까지 떨어지는 데 1년이 걸리지 않았고 그 후로도 계속 약세를 보이며 금융위기 당시에는 250pt까지 떨어졌습니다. 반면, 나스닥 주가는 바닥 이후 꾸준히 상승하여 2017년에는 전 고점을 돌파하고 2019년 4월 말 다시 사상 최고치를 기록했습니다. 그러나 코스닥 주가는 아직도 1,000pt도 넘지 못하고 있으니 당시 코스닥 주가의 버블이 얼마나 심했는지 잘 보여줍니다.

셋째, 주식시장에는 설명되지 않는 이상 현상들이 있습니다. 대표적인 것이 1월 효과입니다. 1월 효과는 다른 달보다 1월에 주가 상승률이 더 높다는 것입니다. 특히 대형주보다 소형주 상승률이 더 높습니다. 많은 분석가들이 원인을 파악하고자 했으나 명확히 밝혀진 바는 없습니다. 미국시장에는 9월 효과도 있습니다. 1월과 달리 9월에는 주가가 크게 하락합니다. 그리고 최근에는 서머 랠리(Summer Rally) 현상도 있습니다. 다른 달보다 7, 8월에 주가가 크게 상승하는 것을 말합니다. 이런 것들은 여러 가지 요인이 있을 것이라 추측은 되나 확실한 원인을 꼭 집어 설명하기도 어렵습니다.

만일 시장이 완전 효율적이라면 가치투자자들은 설 자리가 없을 것입니다. 그들이 찾는 '저평가주'라는 것이 존재하지 않기 때문입니다. 그러나 여전히 승자 중 일부는 워런 버핏처럼 가치주 중심의 장기투자자입니다.

이외에도 이성적인 시각에서 판단할 수 없는 여러 가지 현상이 발생합니다. 대표적인 것이 대선철마다 등장하는 후보군 테마주입니다. 별로 관계도 없는 기업들을 후보와 친하다는 이유 등으로 묶곤 합니다. 그 밖에도 이해 안 되는 가격이 일시적으로 형성되는 경우도 있습니다.

개인에게 점점 어려워지는 한국 주식시장

일반적으로 주식시장을 완전 효율적 시장이라고 보기는 어려운 것 같습니다. 준강형 효율적 시장에 가깝다고 볼 수 있습니다. 과거와 비교하면 우리나라 주식시장도 점점 효율적 시장이 되고 있는 것은 분명합니다. 필자가 주식시장에 입문했을 때만 해도 정보를 얻는 것이 매우 제한적이었습니다. 어떤 종목은 소수에 의해 독점되기도 하고 작전주도 종종 있었습니다. 그러나 1992년 주식시장이 외국인에게 개방되고, 연기금 및 금융기관의 대형화로 주식시장의 기관화가 급속도로 진행되었으며, 기업 IR제도의 발전, IFRS 등 선진 회계시스템 도입, IT의 발달 등으로 우리나라 시장도 점점 효율적 시장에 가까워지고 있습니다. 이는 시장의 안정성에도 크게 기여합니다. 예를 들면, 약세장에서 투기화되던 시장을 일컫는 '단기 금융장세' 같은 용어도 사라지고 있습니다.

한편, 시장이 점점 효율적으로 변한다는 것은 개인투자자들이 이기기 더욱 어려워진다는 것을 의미합니다. 개인들의 정보 접근성이 전문가에 비해 열위에 있을 뿐만 아니라 정보에 접근하려는 시도도 부족하기 때문입니다. 따라서 개인투자자가 이기기 위해서는 더욱 더 영리해져야 하며 이에 따른 전략적 접근이 필요합니다.

수익률에 영향을
주는 요인

운이 전부다?

10여 년 전 〈조선일보〉에서 해리(Harry), 샐리(Sally) 그리고 국내 유명 펀드매니저와 주식 수익률 게임을 실시했습니다. 해리, 샐리는 유명한 영화 〈해리가 샐리를 만났을 때〉 주인공들이 아니고 원숭이 이름입니다. 해리와 샐리가 KOSPI200과 코스닥50 종목 중에 3개씩 무작위로 선택하고 펀드매니저들은 자기가 좋다고 판단하는 종목 3개를 선정해 수익률 게임을 6개월간 진행했습니다. 과연 누가 우승했을까요? 1등과 4등은 원숭이로 기억합니다. 참가한 펀드매니저들은 참 난감했을 것입니다. 이와 유사한 게임은 종종 벌어집니다. 유명 증권 사이트에서 앵무새와 일반인 투자자 10명이 유사한 게임을 했습니다. 과연 앵무새는 몇 등 했을까요? 앵무새는 3등이었습니다. 해외에서도 다트를 사용한다든지 아니면 다른 방식으로 유사한 경기를 했는데 대부분 전문가들의 성적이 신통치 않았다고 합니다. 물론 중간에 사고판다든지 다른 조건을 주었다면 결과가 인간에게 유리했을지도 모릅니다. 물론 화제성 때문에 인간이 패배한 뉴스만 많이 보도됐을 수도 있습니다. 도대체 왜 상식적으로 이해되지 않는 결과가 나올까요? 주식투자에 있어서 전문성은 필요 없는 걸까요? 완전 효율적 시장에서는 누구도 정보 우위에 있지 못하기 때문일까요? 앞의 사례도 조건을 달리하고 경우의 수를 많이 적용하면 다른 결과가 나왔을 것입니다. 어쨌든 앞의 사례들은 수익률을 내는 데 있어서 경험과 지식뿐 아니라 많은 요인들이 작용하고 있음을 보여줍니다.

그렇다면 주식 수익률에 영향을 주는 가장 큰 요인이 뭘까요? 일반인을 대상으로 강의할 때 항상 물어보는 질문입니다. 대부분 시장을 잘 파악하는 것, 기업 분석력 등 주식 관련 지식이라는 답이 가장 많이 나옵니다. 물론 그렇습니다. 그러나 결국 운입니다. 이렇게 말하면 모두 어이없다는 표정을 짓곤 합니다. 실제로 많은 일반투자자들의 이익이 운에 의해 좌우됩니다. 어떤 이들은 투자 종목의 내용도 잘 모르고 기본적 분석을 할 수 있는 실력도 부족합니다. 그런데도 주식으로 이익을 보는 경우가 많습니다. 초보자의 운(Beginner's Luck)이 작용했을 수도 있고, 시장 상황(강세장, 약세장), 추천인의 실력, 매매 타이밍 등에 의해서 수익이 좌우됩니다. 우리가 주식에 대해 잘 모를수록 운에 의해 지배받습니다. 그러나 운에 의해 지배받는 것은 투기나 도박입니다. 주식시장의 수익률을 결정하는 개별적 변수는 수없이 많습니다. 그럼 운을 배제할 수 있는 요소에는 어떤 것이 있을까요?

수익률을 높이는 요소 5가지

첫 번째, 좋은 기업을 볼 수 있는 이론적 기본기입니다. 투자 기업이 무엇으로 돈을 벌고 있는지, 요즘 사업은 잘 되는지, 그것이 숫자로 증명되고 있는지, 주가가 적정한지 등을 판단하는 데 필요한 지식을 가지고 있어야 합니다. 피터 린치도 말했지만, 이는 중고등학교 때 배웠던 지식으로도 충분합니다. 재무제표를 읽는 것과 기업가치를 평가하는 것 등이 이에 속합니다. 그러나 이것만으로는 부족합니다. 이론적 기본기가 중요하긴 하지만 이것이 수익률에 영향을 주는 전부라면 고학력자만이 최후의 승자가 될 것입니다. 학력과 수익률은 어떠한 상관관계도 없습니다. 기본 지식만으로는 승자가 될 수 없습니다.

두 번째, 심리적 안정감 즉, 균형 감각입니다. 사실 우리가 듣는 많은 뉴스나 정보 중 내가 가진 주식에 직접적으로 영향을 미치는 것은 거의 없습니다. 그럼에도 불구하고 많은 사람들이 휘둘립니다. 필자가 다녔던 직장에서는 인간 지수(Human Indicator)라는 것이 있었습니다. 지수가 올라가면 쉽게 흥분하고 내려가면 공포와 우울함에 빠져 부서원들의 놀림감이 되곤 했습니다. 개인 수익률이 안 좋았던 것은 당연합니다. 심리적 요인은 경험과 훈련을 통해 어느 정도 극복할 수 있지만 타고난 요인도 커 주가의 등락에 따라 심리가 불안한 투자자라면 주식시장에서 패배자가 될 확률이 매우 큽니다. 어떠한 국면에서도 냉정함을 잃지 않는 균형 감각은 비단 주식시장뿐 아니라 어느 분야에서도 승리자가 될 수 있는 중요한 자질입니다.

세 번째 꾸준한 노력입니다. 주식투자도 꾸준한 노력이 필요합니다. 쉽게 돈을 벌 수 있다는 환상에 빠져 잘 모르는 종목을 덥석 사버리기도 합니다. 강세장에서는 돈을 잃을 확률이 상대적으로 낮아서 무모한 행동도 보상받을 수 있을지 모릅니다. 그러나 행운은 반복되지 않습니다. 단 한 번의 실패로 큰돈을 잃을 수 있습니다. 보유 종목 혹은 투자 종목에 대한 꾸준한 공부가 필요합니다.

네 번째 통찰력입니다. 필자가 주식으로 성공한 사람들을 옆에서 지켜본 결과, 일반인과 가장 다른 점은 통찰력이었습니다. 통찰력이야말로 주식시장에서 성공을 할 수 있느냐 없느냐를 결정하는 가장 큰 요소입니다. 훈련과 학습을 통해 얻을 수도 있으나 타고난 경우가 더 많습니다. 사람들의 성격이 서로 다른 것처럼 말입니다. 물론 큰 자질을 발휘하기 위해서는 기본적 역량은 어느 정도 갖춰야 합니다. 효율적 시장 가설을 주장한 유진 파마(Eugene Fama) 교수도 통찰력 있는 사람은 완전 효율적 시장에서도 이길 수 있다고 했습니다. 타고나지 않더라도 훈련과 학습, 경험 등을 통해 어느 정도 통찰력을 갖춘다면 우리는 주식시장에서 성공할 수 있습니다.

성공한 투자자들의 또 하나의 특성은 실행력입니다. 찬스를 보면 놓치지 않고 승부를 거는 능력입니다. 물론 실행력 있는 사람이 다 성공한 것은 아닙니다. 그들도 실패할 때가 있습니다. 하지만 중요한 순간의 승부는 그들에게 큰 부를 안겨주었습니다. 우리는 종종 '그때 그렇게 했더라면' 혹은 '내가 말한 것이 맞았는데' 하고 후회하곤 합니다. 나에게 남다른 통찰력이 있을지도 모릅니다. 하지만 실행하지 않으면 아무것도 얻을 수 없습니다.

기본기와 꾸준한 노력, 어떤 상황에도 흔들지 않는 균형 감각, 통찰력 그리고 실행력 등은 비단 주식뿐만 아니라 모든 비즈니스에서 성공할 수 있는 요인들입니다. 워런 버핏, 피터 린치 등 우리가 알고 있는 대가들은 이런 요인들을 잘 갖춘 전문가입니다. 운도 중요하지만 실력과 자질을 갖춘 사람이 승리할 확률이 높습니다. 앞서 말한 요소들을 다 갖출 수는 없습니다. 선천적인 부분도 있습니다. 그러나 성공 요인 중 단 한 가지만 선택하라면 꾸준한 주식 공부입니다.

워런 버핏은 주식투자를 쉽게 생각하는 사람들에게 무거운 충고를 했습니다. "하느님도 그렇지만 주식시장도 스스로 돕는 자를 돕는다. 그러나 하느님과 달리 (주식시장은) 자기가 무엇을 하는지 모르는 사람을 눈감아두지 않는다."

나는 왜
장기투자를 못할까?

장기투자가 주식투자의 정석이고 최고의 방식이며 진리인 것처럼 여기는 사람들이 많습니다. 물론 우리 주변엔 장기투자의 성공 사례도 매우 많습니다. 종합주가지수는 측정 기준일인 1980년 1월 4일 100pt로 시작해 2018년 12월 말 2,041pt로 마감했으니 38년간 단순 지수 수익률은 1,941%가 됩니다(배당 수익 및 재투자율 제외). 지수뿐만 아니라 일부 개별종목의 장기 상승률은 어마어마합니다. 대표적인 사례가 삼성전자입니다.

1980년대 초중반 삼성전자는 액면가일 때도 있었으니 약 450배 이상 오른 셈입니다. 2017년 말을 기준으로 한다면 삼성전자는 상장 이후 어느 시점에 샀어도 손해 보지 않았을 것이고 10년 전에 샀더라도 3~5배의 수익이 났을 것입니다. 종합주가지수 수익률도 삼성전자와 비교하면

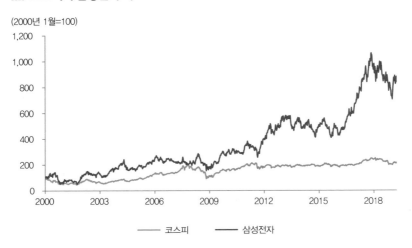

📊 코스피와 삼성전자 비교

(2000년 1월=100)

코스피 ——— 삼성전자

출처: 삼성증권

그 수익률이 너무 초라해 보입니다. 삼성전자에 짧게 투자한 사람이라면 땅을 칠 노릇입니다. 우스갯소리로 우리나라 PB들은 삼성전자 때문에 행복하다고 합니다. 고객에게 편히 추천할 수 있고 결과도 우수하기 때문입니다. 또한 PB에게 가장 인기 없는 종목이 삼성전자이기도 합니다. 고객이 삼성전자를 매수하면 손실이 나도 매도하지 않으려고 하고 또 이익이 났더라도 오랫동안 보유하려고 하기 때문에 영업에는 별로 매력이 없는 것입니다. 이는 삼성전자가 그동안 보여준 놀라운 결과 때문입니다. 한편 최근 몇 년간 삼성전자의 비중이 시장 비중보다 적은 펀드는 수익률이 저조해 큰 낭패를 보기도 했습니다.

삼성전자뿐만 아닙니다. 우량 종목 중에는 네이버, 삼성SDI, LG생활

건강 등과 같이 '장기 보유했더라면' 하는 종목이 많이 있습니다. 그런데 장기투자가 항상 옳은 것일까요? 답을 하기 전에 우선 '장기'라는 단어의 정의가 필요합니다. 장기투자라는 말이 참 애매합니다. 어느 정도의 기간을 장기라고 할까요? 일반적으로 장기투자는 최소 1년 이상을 말하고 보통 3년 이상이라 할 수 있겠습니다. 그렇다면 앞서 말한 종목들은 코스피와 삼성전자의 주가흐름을 보면 어느 시점에 샀느냐에 따라 결과가 많이 달라집니다. 사실 장기투자의 장점 중 하나가 매매 타이밍 예측에서 비교적 자유롭다는 것입니다. 삼성전자의 주가는 2010년부터 2015년 동안 110만~150만 원 박스권에서 움직여 2010년 고점에 산 투자자는 5년간 매우 어려움을 겪었을 것입니다. 물론 지금까지 보유했다면 기다림에 대한 보상도 만족했으리라 생각합니다. 하지만 주식을 그리 오랫동안 보유하는 개인투자자는 드뭅니다.

사실 1990년 이후 10여 년 동안 한국 주식시장은 장기투자자에게 고난의 시기였습니다. 1989년 코스피지수가 역사상 처음 1,000pt를 돌파한 이후 오랫동안 지수는 박스권에 갇혀있었습니다. 지수는 1989년부터 2005년 중순까지 무려 16년 동안 500~1,000pt 사이에서 움직였고, 이 기간 동안 몇몇 대형주를 제외하고는 장기투자가 별 의미 없었습니다. 펀드도 마찬가지였습니다. 1990년 후반 500pt 근처에서 가입한 투자자를 제외하고는 의미 있는 수익률을 내지 못했습니다. 오히려 수익률 측면에서 보면 1990년 이후 국고채 3년 금리가 대략 4~15%였으니 리스크도 거의 없는 국고채나 예적금이 훨씬 유리한 상품이었습니다. 또한 꾸

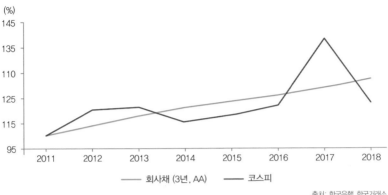

📈 2011년 이후 회사채 누적 수익률과 코스피

(%)

2011	2012	2013	2014	2015	2016	2017	2018

—— 회사채 (3년, AA)　——— 코스피

출처: 한국은행, 한국거래소

준히 우상향하는 부동산 수익률과 비교해도 썩 매력적이지 못합니다. 1980년 입주한 대치동 은마아파트 당시 분양가는 평당 68만 원, 34평 기준으로 2,330만 원이었습니다. 2018년 기준 매매가 16~17억 원이니 수익률로 보면 약 70배에 가깝습니다.

　한국시장에서 장기투자 의미가 보이기 시작한 시기는 2005년 이후입니다. 지수가 2,000pt를 돌파하고 대형 우량주 중심으로 종목들이 크게 상승하며 펀드 수익률이 좋아졌기 때문이죠. 몇몇 우량주는 10배 이상 상승하기도 했습니다. 2005년 이후에야 비로서 우리나라도 장기투자가 빛을 보기 시작했다고 말할 수 있습니다. 그러나 지수가 '박스피'라 불리는 조정장에 갇히면서 약 6년간 다시 힘든 시기를 보내게 됩니다. 물론 2018년 초 주가가 2,600pt대까지 상승하면서 장기투자자들은 인내에 대한 보상을 받았습니다. 그러나 주가는 선진국 경기가 꺾이고 국내 경기도 위축되면서 2,000선이 깨졌습니다. 이러한 결과 때문에 우리나라 주식시장에서 장기투자는 다음과 같은 이유로 다소 회의적입니다.

첫째, 장기투자 기간이 보통 5년을 넘지 않고 길어도 10년을 넘기지 못합니다. 따라서 지수 수익률을 1980년부터 비교한다는 것은 비현실적입니다. 당시 가격으로 지금까지 주식을 보유한 사람은 기업의 대주주 외에는 거의 없습니다. 2000년 초 지수가 1,000pt였으니 지금과 비교하면 2배가 조금 넘습니다. 2011년 말부터 2018년 말까지의 누적 수익률은 약 12%에 불과합니다. 주식의 리스크에 비하면 보상이 작습니다.

둘째, 운 좋게 지수가 낮은 시점에 들어가면 만족스러운 결과를 얻을 수 있습니다. 그러나 높은 시점에 매수하면 손실을 회복하는 데 너무나 오랜 시간이 걸립니다. 장기투자의 효과 중 하나가 매매 타이밍에 대한 불확실성을 극복하는 데 있는데 결과에 따르면 지수투자도 타이밍이 중요합니다.

셋째, 펀드 수익률도 부진합니다. 지난 5년간 절대 누적 수익률의 성과도 낮고 지수를 추종하는 인덱스와 비교하면 그 상대 수익률도 다소 열세입니다.

이처럼 한국시장에서 투자자들이 인덱스펀드 같은 패시브펀드나 혹은 액티브펀드 등에 장기투자를 해서 돈을 번다는 것은 쉽지 않습니다. 결국 지수를 추종하는 투자도 타이밍이 중요합니다. 이는 불가능하다고 여겨지는 시장 전망을 해야 하는 모순에 빠지게 됩니다. 대안으로 적립식 등의 방법이 있습니다만 결국 어떤 식으로 하느냐에 따라 결과가 크

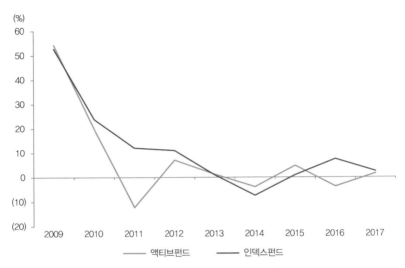

액티브펀드와 인덱스펀드 수익률

(%)

출처: 한국펀드평가

게 달라집니다. 개인투자자들이 기대하는 장기투자 수익률을 올리려면 개별 종목의 장기투자밖에 없습니다. 그러나 장기투자는 통찰력과 실력을 갖춘 사람만 가능한 영역입니다. 개인투자자들이 장기투자를 하기에는 몇 가지 어려움이 따르기 때문입니다.

첫째, 꾸준한 모니터링입니다. 장기투자를 위해서는 투자대상에 대해 점검, 분석, 예측하는 과정이 필요합니다. 그러나 일반인들은 정보 열위에 있으며 대부분 단 한 번의 속단으로 장기투자를 결정하는 경향이 있습니다. 만약 장기투자에 성공했다면 이는 운이 많이 작용했다고 볼 수 있습니다. 처음 예측한 것과 맞는지 계속 모니터링하고 분석해야 합니다.

📊 **현대차**

둘째, 분석력과 깊이입니다. 타인에게 추천받은 종목도 분석하고 판단할 역량이 없으면 장기투자는 불가능합니다. 추천인에게 계속 의존해야 하기 때문이죠. 판단이 맞는지를 직간접적으로 점검할 수 있는 기본적인 실력은 필수입니다.

셋째, 투자심리 측면입니다. 장기투자를 하는 동안 여러 난관을 극복해야 합니다. 주식이 예측대로만 된다면 참 쉽겠지만 주가의 향방을 예측하기란 참 어렵습니다. 중간에 빠져나올 수 있는 용기도 필요합니다. 또 도중의 크고 작은 주가의 흔들림에 굳건히 맞서야 합니다. 그러나 대부분의 사람들은 흔들림에 떨어져 나갑니다. 결국 장기투자도 타이밍과 종목 선정의 조건에서 벗어날 수 없습니다.

종목 선정을 잘하면 몇 배 크게는 수십 배의 수익을 올릴 수 있습니다. 그러나 이러한 종목은 너무 제한적이고 발굴하기 쉽지 않습니다. 또한 장기투자의 성과를 보였던 종목이 반대로 끊임없이 하락하기도 합니다. 2000년 초부터 2012년까지 현대차 주가는 드라마틱하게 상승했습니다. 무려 30배 가량 상승했습니다. 현대차의 성장성을 믿고 장기투자를 한 사람들은 엄청난 수익을 올린 것입니다. 반대로 2012년에 현대차를 매수해 지금까지 장기투자 했다면 손실률은 50%에 달합니다.

결국 개인이 장기투자를 하기 위해선 적어도 지속성, 분석력, 배짱 등이 필요합니다. 만약 어느 한 가지라도 부족하다면 장기투자는 하지 않는 것이 좋습니다.

삼성전자는
항상 좋은 주식일까?

좋은 기업, 좋은 주식

우리나라 주식시장에서 삼성전자의 신뢰성은 거의 절대적입니다. 지금까지의 성과도 독보적이고 실적에서도 이만한 종목은 찾기 어렵습니다. 국내외 펀드매니저들에게도 절대적인 종목입니다. 펀드의 포트폴리오를 구성할 때 가장 우선적으로 고려하며 삼성전자의 시장 비중[1]은 가급적 유지하려고 애씁니다. 증권사 PB들도 고객들에게 추천하기 너무 좋은 종목입니다. 불패 신화가 있는 종목이기도 합니다. 만약 삼성전자를 매수해서 손해 봤더라도 2017년 말까지 팔지 않고 끝까지 버텼다면 손실

---

[1] 삼성전자의 코스피 시총 대비 비중(2018년 말)은 18.4%다.

📈 삼성전자

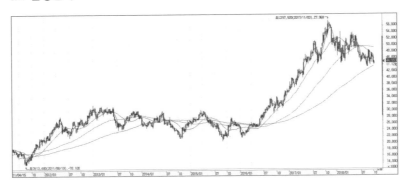

을 만회할 수 있었습니다.

앞으로는 어떨까요? 과거와 똑같은 패턴이 반복될까요? 삼성전자는 반도체 경기 고점 논란과 향후 실적이 기대에 미치지 못할 것으로 전망되면서 2019년 3월 말 고점 대비 20% 이상 하락한 상태입니다.[2] 고점인 5만 6,400원(2017년 11월) 대비 많이 떨어졌습니다. 현금을 가지고 있는 사람이라면 지금 사야 할까요? 이미 손실을 본 투자자들은 계속 보유해도 될까요? 만약 그렇다고 확신한다면 그 근거는 무엇일까요? 삼성전자가 영위하고 있는 반도체 경기나 핸드폰 부문에 대해 많은 상식과 지식이 있어서 삼성전자의 미래를 예측할 수 있나요? 아니면 그런 것을 몰라도 그동안 보여왔던 삼성전자의 과거 성과를 믿고 베팅해야 할까요?

현재 삼성전자에 투자를 고려하고 있는 투자자라면 2가지 고민에 빠질 듯 합니다. 첫째, 삼성전자가 속해 있는 반도체 산업의 예측이 쉽지

---

2 2018년 말 기준(3만 8,700원)으로 고점(5만 6,400원) 대비 31.4% 하락했다.

않고 전망이 불투명하다는 점입니다. 전문가들의 예측도 제각각입니다. 둘째, '과거 대비 밸류에이션이 매력적인데 왜 약세일까?'입니다.

펀드매니저들도 많은 고민에 빠져 있을 것입니다. 삼성전자 비중을 시장만큼 유지했거나 더 늘렸다면 최근에는 삼성전자 때문에 시장을 따라가지 못하고 있을 가능성이 큽니다. 몇 년 전 인기 있던 주식펀드는 삼성전자가 급등하는 구간에서 삼성전자 편입 비중을 거의 제로로 유지하는 바람에 펀드 수익률의 순위가 최상위권에서 거의 꼴찌로 떨어지기도 했습니다. 이런 측면에서 개인투자자보다도 액티브펀드를 운용하는 펀드매니저가 더 고민이 클 것입니다. 개인투자자는 삼성전자 한 종목의 절대수익률에만 관심이 있고 그동안 삼성전자가 보여줬던 실적을 신뢰해서 비교적 오랫동안 버틸 수 있기 때문입니다.

몇 년 전 필자도 삼성전자 투자에 대해 고민했습니다. 삼성전자가 패스트팔로어 전략을 잘 구사해 세계 1등 기업이 된 것은 분명한데 더 치고 나가기 위해서는 무엇인가 부족하다는 느낌이 들었습니다. 즉, 근본적 고민은 '애플, 구글 같은 트렌드세터가 될 수 있을까?'였습니다. 당시 어렵다고 결론을 내렸습니다. 실적에 따라 '110만~150만 원(현재 2만 2천 원~3만 원) 박스권을 유지할 것이다'라는 판단을 했습니다. 지금도 트렌드세터가 될 수 있을지에 대해서는 의문이 많지만 4차 산업혁명의 주요 부품이라 할 수 있는 반도체로 기대 이상의 실적을 올릴 수 있다는 점을 간과한 대가는 컸습니다. 삼성전자 주가가 갇혀 있을 것으로 예상했고 국내 산업의 양대 축 중 하나인 자동차산업은 경쟁력을 잃어 가고 있어

두 산업이 정체되는 한 종합주가도 박스권을 돌파하지 못할 것으로 전망했습니다. 시장은 필자의 오판에 준엄한 심판을 내렸습니다. 삼성전자가 상승하는 동안 종합주가는 사상최고치를 기록했고 각종 펀드 수익률도 크게 개선됐습니다.

2018년 반도체 경기 피크 논란이 일어나자 삼성전자에 대한 고민이 다시 시작됐습니다. 우리는 반도체 전문가가 아닙니다. 반도체 전망을 알기도 어렵습니다. 하지만 경험상 경기나 전망에 대한 논쟁이 시작될 때 변화를 주시해야 합니다. 우리는 이럴 때 어느 진영에 줄을 서야 합니다. 필자는 하락 쪽에 줄을 섰습니다. 이때 개인적으로 삼성전자 주가 전망에 대한 질문이 들어오면 비중 축소 및 매도를 권유했습니다. 그 후 삼성전자는 한때 고점 대비 30% 하락하기도 했습니다. 그러나 필자는 지금도 삼성전자 투자를 고민하고 있습니다. 밸류에이션이 싸다고 느끼는 지금이 장기투자의 적기인가? 아니면 당분간 반도체 전망이 어둡고, 하이엔드 핸드폰 시장의 성장도 둔화되고 있어 실적 모멘텀이 없기 때문에 단기적으로 투자 후보군에서 배제할 것인가?

삼성전자는 우리나라를 대표하는 글로벌 기업으로 국내 경제 및 주식시장에 미치는 영향이 매우 큽니다. 회사의 브랜드 가치, 재무 안정성, 성장성 등 모든 면에서 최고의 기업입니다. 삼성전자의 최근 1년간 주가는 실망스러웠습니다. 그렇지만 삼성전자가 항상 그래왔듯이 부진을 극복해온 과거의 실적을 믿고 이제는 투자해야 할까요?

대형 우량주는 무조건 좋을까요?

삼성전자뿐만 아니라 대형 우량주 역시 비슷한 딜레마에 빠지곤 합니다. 대형 우량주가 보여준 실적에 대한 믿음과 미래에 대한 막연한 기대감 때문에 주가가 내려갔을 때 매수하려는 경우가 많습니다. 삼성전자가 2017년까지 환상적인 보상을 제공했던 영향도 큽니다. 우리는 많은 곳에서 대형 우량주를 중심으로 투자하라는 권유를 받습니다. 그러나 막연한 기대와 달리 대형 우량주가 보편적으로 확실한 보상을 해줬다는 근거가 부족합니다. 지난 17년간 대형, 중형, 소형 등 사이즈별 주가 수익률 그래프를 보면 대형주가 수익률 우위를 누린다는 근거가 없습니다. 그래프를 보면 가장 수익률이 높은 것은 중형주이며 대형주, 소형주 순서입니다. 시가총액을 기준으로 높은 순으로 1위~100위 까지는 대형주, 101위~300위는 중형주, 나머지는 소형주로 분류합니다.

📊 사이즈별 주가 수익률

출처: 삼성증권 HTS

그리고 개인투자자들은 기관투자자에 비해 열위의 조건을 가지고 있습니다. 물론 이는 다른 종목군에서도 마찬가지일 수 있지만 특히 대형 우량주에서 더욱 그렇습니다. 대형 우량주일수록 개인투자자들은 정보에서 우위를 점하기 매우 어렵습니다. 또한 정보를 똑같이 받는다고 할지라도 정보를 분석하고 해석하는 실력도 떨어집니다.

개인투자자들은 대형 우량주에 대해 막연한 환상을 가지고 있습니다. 그러나 대형 우량주가 주가 전망에 있어서 우위에 있지 않습니다. 물론 비교적 많이 들어본 기업이어서 친숙하며 상대적으로 소기업에 비해 재무 안정성이 좋다는 장점은 있습니다. 그러나 개인투자자에게 가장 위험한 투자 권유 중 하나가 대형 우량주의 장기투자일 수도 있습니다.

블루칩으로 불리는 대형 우량주의 정의는 무엇일까요? 재무구조가 건실하고 성장성이 양호하며 수익구조도 좋은 시가총액 상위 종목군이라 할 수 있을 겁니다. 그러면 대형 우량주라고 불리는 종목에는 무엇이 있을까요? 삼성전자에는 이견이 없을 듯합니다. 그러면 POSCO, 현대자동차, 현대중공업, 현대모비스, LG화학, 신한지주, KB금융, 기아차, 한국전력 등은 대형 우량주일까요? 이 같은 시가총액 상위 종목들은 일반적으로 그렇게 분류됩니다. 그러면 2010년 말 기준 시가총액 상위 10개인 이들 종목들 중에서 2010년 말 주가보다 2018년 말 주가가 높은 것은 무엇일까요? 참고로 2010년 말 코스피는 2,051pt이며 2018년 말 코스피는 2,041pt로 거의 비슷합니다. 삼성전자는 누구나 인지하고 있을 것입니다. 그런데 그 기간 동안 절대수익률이 플러스인 종목은 놀랍게도 성장성이 없어 상대적으로 장기투자의 매력도가 떨어지는 한국전력뿐이었습니다.

좋은 주식을 고르는 기준 10가지

주식투자는 평판이 좋은 회사를 매매하는 행위가 아닙니다. 지금 주가가 낮지만 주가가 오를 수 있거나 지금 주가가 높아도 더 높은 가격에 팔 수 있는 기업을 매매하는 게임입니다. 현재보다 미래의 가치를 사는 것입니다. 좋은 주식이란 결코 지금의 브랜드 명성으로 평가받지 않습니다. 한편 미래가치도 없는데 단순한 재료나 테마로 움직이는 기업도 있습니다. 주가가 당장 올라간다고 좋은 주식이 아닙니다. 그럼 좋은 주식은 어떻게 고를 수 있을까요?

주식시장에서 필자가 꼭 살피는 항목들이 있습니다. 이 항목은 국내외 고수들의 기준과 필자의 기준을 통합한 것입니다. 주식을 선택할 때 10가지 기준을 모두 충족해야 하는 것은 아닙니다. 그렇지만 주가를 매입할 때 고려하는 기준 10가지는 좋은 주식을 선정하는 데 많은 도움을 줄 수 있습니다.

❶ 내가 잘 알고 있거나 잘 알 수 있는 기업인가?

❷ 핵심 사업이 속한 산업은 고속 성장하고 있는가?

❸ 비즈니스 모델이 안정적인가?

❹ ROE가 산업평균보다 높고 지속적으로 증가하고 있는가?

❺ 배당성향이 높아지고 시가배당률이 증가하고 있는가?

❻ EPS증가율이 3년 연속 증가하고 있는가?

❼ 영업이익증가율 > 매출액증가율이고, 영업이익률이 매년 개선되고 있는가?

❽ 부채비율이 150% 이하인가?

❾ 실적 모멘텀이 있는가?

❿ 의미 있는 차트 추세인가?

기본적 분석의 좋은 친구 기술적 분석

"기술적 분석 도구로 무엇을 주로 사용하고 있느냐?"라는 질문을 종종 받습니다. 필자의 대답은 한결 같습니다. "기술적 분석은 잘 모르며 이동평균선 정도만 전체적인 추세를 보는 데 사용하고 있다"고 말합니다. 실제로는 몇 가지 참고하는 지표가 있습니다만 이론적 깊이도 얕고 전문성도 부족하기 때문에 깊은 대답은 삼갑니다. 전문가 집단에서 기업 분석은 기본적 분석으로만 합니다. 기술적 분석은 곁다리로 대접받고 있습니다. 그러나 개인투자자들은 기술적 분석을 많이 하고 열렬한 추종자도 많습니다.

기술적 분석가들은 기본적 분석이 분식회계 같은 오류를 잡아내기 어렵고 중간 중간 변하는 합리적 기댓값의 변동을 읽을 수 없다고 주장합니다. GDP 예측치나 기업의 실적 예측치는 자주 수정되며 최종 수치도 예측치와 차이 날 때가 많다고 지적합니다. 그리고 과거의 주식 가격과 거래량 같은 데이터를 이용해 과거 주가 변화 추이를 파악하면 모든 정보를 읽을 수 있고 미래의 주가흐름을 예측하는 것이 가능하다고 말합니다. 실제로 차트로 표시한 기술적 분석 도구 중 몇몇은 주가를 예측하는 데 도움이 됩니다. 예를 들면 이동평균선의 지지 및 저항 같은 것입니다.

사실 기본적 분석 못지 않게 기술적 분석의 역사도 꽤 오래됐습니다. 처음으로 일반인들에게 기술적 분석을 소개한 사람은 다우지수로 유명한 찰스 다우(Charles Dow)입니다. 그는 〈월스트리트 저널〉에 자신의 기술적 분석 이론을 연재하며 대중화에 앞장섰습니다. 그 이후 윌리엄 해밀턴(William Hamilton), 찰스 레아(Charles Rhea)가 다우 이론을 더욱 정형화했습니다. 기술적 분석은 다양하게 발전해 왔습니다. 엘리어트(Ralph Nelson Elliott)는 1930~1940년대에 독특한 파동이론을 발전시켰고 그랜빌(J. E. Granville)은 이동평균선 매매법칙과 거래량지표로 유명합니다. 한편 기술적 분석의 오랜 역사를 간직한 일본[1]에서는 일목균형표 같은 기법이 독자적으로 발전했습니다. 20세기 후반에 들어오며 새롭고 더욱 정교한 분석 기법들이 개발됐는데 웰스 와일더(Welles Wilder)는 1978년 《기술적 거래 시스템에 대한 신 개념》에서 소개한 ATR, 파라볼릭, RSI, ADX

---

[1] 일본에서는 18세기에 이미 쌀 선물 시장이 발달했다. 상인 혼마 무네히사는 오사카 시장에서 쌀 가격을 예측하는 데 적삼병 같은 패턴 분석을 이용했으며, 캔들스틱 차트도 그가 고안했다고 전해진다.

같은 지표를 널리 알렸습니다. 21세기 들어서도 IT발달과 계량 패키지 등의 발달로 기술적 분석 기법들이 다양화되고 발전하고 있습니다.

📈 그랜빌의 이동평균선을 이용한 매수, 매도 신호

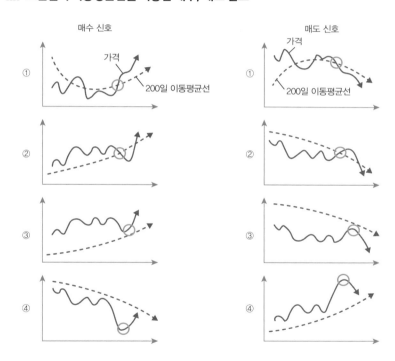

기술적 분석의 약점

기본적 분석가들은 주가가 어떤 특정 요인에 의해 움직이거나 표준화되지 않으며 많은 변수들이 상호 작용하기 때문에 일정한 규칙을 찾거나 어떤 방향성을 예측한다는 것은 불가능하다고 주장합니다. 이러한 의미에서 기술적 분석은 그 시작부터 실패라는 것입니다. 즉, 차트는 과거에 불과하고 꼭 반복된다는 보장은 어디에도 없다는 말입니다. 많은 경제학자들이 주가의 움직임은 어떤 규칙적 패턴을 따르는 것이 아니라 임의보행(Random Walk)을 한다고 주장하며 이를 입증한 많은 실험 결과도 있습니다. 소위 차트 전문가들의 기술적 분석들도 제각각일 때가 많습니다. 저명한 미국 투자 전문가인 버튼 말킬(Burton Malkiel)은 기술적 분석 대부분이 사기이며 효율적이지도 않다고 비판합니다. 어떤 이는 차트 분석이 관상학과도 같아서 그들 분석이 틀렸다고 증명되면 바로 사라진다고 했습니다. 워런 버핏도 차트를 이용해 미래를 예측하는 것은 매우 어리석은 일이라고 했습니다. 이와 같이 기술적 분석을 무시하는 말은 너무나 많습니다.

월가에서도 영향력이 커지고 있는 기술적 분석

이와 같은 비판에도 불구하고 많은 투자자들이 기술적 분석을 투자판단에 참조하고 있습니다. 이는 일반투자자뿐만 아니라 전문가들도 마찬가지입니다. 이제 차트 분석은 몇몇 전문가가 독점하는 영역이 아니라 무료 혹은 일정 요금만 내면 누구나 쉽게 이용할 수 있게 됐습니다. 증권사의 HTS에서는 약 100개에 가까운 기술적 분석의 정보를 제공하고 있습니다. 로이터, 블룸버그 심지어 구글도 기술적 분석 서비스를 제공하는 데 동참하고 있습니다. 한편, 미국의 펀드매니저들도 투자의사 결정에 점점 기술적 분석을 적극 활용하고 있습니다. 많은 액티브펀드들이 인덱스펀드를 쫓아가지 못하고 있고 펀드매니저들은 펀더멘탈 분석 외에 이를 극복하기 위한 새로운 아이디어나 트레이딩 전략에 목말라 하고 있습니다. 또한 몇몇 퀀트(Quant)[2] 베이스 펀드들은 재무적 데이터와 기술적 분석 테크닉을 혼합해 성공을 거두고 있습니다. 기술적 분석은 과거에 비해 오늘날 더욱 각광받고 있습니다. 이뿐 아니라 학계에서는 거들떠보지 않고 무시당했던 기술적 분석이 몇몇 대학에서 정식 커리큘럼으로 등장하고 있습니다.

기술적 분석과 기본적 분석의 논쟁에 신경 쓸 필요는 없습니다. 주식시장은 수많은 변수로 움직이기 때문에 어느 한쪽으로 완벽히 설명되지 않고 이론적으로도 기본적 분석이나 기술적 분석 둘 다 약점을 가지고 있습니다. 현실적으로 둘 다 유용성이 있으므로 투자자들 중에는 모두 활용하는 사람들이 대다수입니다. 필자가 주식을 처음 공부했을 때 차트는 한낱 과거에 불과하다고 생각했습니다. 그러나 투자 기간이 짧을수록 매매 타이밍이 중요해지고 기술적 분석을 참조한 성공 사례도 늘면서 이제는 기술적 분석의 가치도 많이 인정하는 편입니다. 여전히 기본적

---

2 quantitative(계량적)와 analysis(분석)의 합성어. 수학·통계에 기반해 투자모델을 만들거나 금융시장 변화를 예측하는 것 혹은 사람들을 말한다.

분석을 더 신뢰하기는 하지만 기술적 분석도 기본적 분석의 중요한 보조지표로서 잘 활용한다면 도움이 됩니다. 일단 차트를 보는 것만으로도 관심 주식이 강세인지 약세인지 어떤 뉴스가 반영되고 있는지 등을 이해할 수 있습니다. 또 기본적 분석을 통해 매매하더라도 기술적 분석은 내가 올바른 투자의 길로 가고 있는지 알려줍니다. 또한 내가 자만할 때 사이렌을 울려주기도 합니다. 중요한 것은 한쪽에 전문성을 가지고 다른 한쪽을 참조해야 한다는 것입니다. 주가는 결과가 중요합니다. 그러므로 어느 진영에 일방적으로 줄을 설 필요는 없습니다.

벤저민 그레이엄은 오래전부터 기술적 분석의 가치를 인정하면서 이렇게 말했습니다. "많은 회의론자들이 차트 분석을 마치 점성술이나 마술같이 여기며 기술적 분석을 거부한다. 그러나 월스트리트에서 기술적 분석 중요성에 무게를 두는 한 어느 정도 관심을 가지고 기술적 분석을 살펴볼 필요가 있다."

잘 쓰면 약, 잘못 쓰면 독

기술적 분석을 이용할 때 초보자라면 주의할 점 몇 가지가 있습니다. 우선 높은 수준에 오를 때까지 차트에만 의존하는 것을 경계해야 합니다. 기본적 분석은 기초를 쌓는 데 시간이 많이 걸리고 한 종목을 분석하는 데도 상대적으로 많은 시간이 소요됩니다. 또한 초보자라면 펀더멘탈로 분석한 투자종목 후보군도 한정적이기 때문에 새로운 종목이 등장하면 발 빠르게 대처하기 어렵습니다. 몇 번 기술적 분석으로 투자에 성공하면 기본적 분석을 점점 등한시하고 기술적 분석으로 치우치게 됩니다. 그러나 이렇게 되면 좋은 결과로 이어지기 어렵습니다.

두 번째, 기술적 분석 중 절대적인 것은 없습니다. 몇몇 종목이 특정 기술적 분석에 의해 잘 설명된다면 그 종목에 한정되는 경우가 많습니다. 지금도 기술적 분석에 대한 이해와 지식이 부족하지만 초창기에 특정 방법을 어설프게 적용해서 큰 실수를 한 적이 있습니다. 기술적 분석 전문가들에게 조언을 구했지만 의견들이 조금씩 달랐습니다. 많은 기술적 지표 중 2~3개 정도만 잘 알아도 충분합니다.

세 번째, 기술적 분석은 기본적 분석의 보조지표로만 사용하기를 권합니다. 기술적 분석이 인간의 통찰력을 반영하지도 않을 뿐만 아니라 그것을 극복할 수도 없습니다. 주식에 대한 통찰력은 깊은 연구와 많은 경험에서 나옵니다. 기본적 분석은 이를 어느 정도 가능하게 도와줍니다. 그러나 기술적 분석은 길을 가르쳐주지 않습니다. 주식의 기본은 투자 기업이 무엇을 하고 그 기업이 어떻게 해야 돈을 버는지 아는 것에서부터 시작합니다.

누가 돈을 버는가?

실수를 덜 하는 사람이 이긴다

패자의 경기(Loser's Game)라는 말이 있습니다. 실수를 덜 하는 사람이 승리하는 경기를 일컫는 말입니다. 반대되는 말은 승자의 경기(Winner's Game)입니다. 승자의 경기에서는 뛰어난 프로들이 승리를 거둡니다. 우리가 즐기는 많은 스포츠 경기는 패자의 경기와 승자의 경기로 나뉩니다. 예를 들면, 테니스와 골프에서 아마추어의 경기는 대부분 패자의 경기이고 프로의 경기는 승자의 경기입니다. 테니스에서 보면 아마추어는 대부분 상대방의 실수에 의해서 점수를 획득하나 프로는 정확한 스트로크와 서브에이스 등으로 점수를 땁니다. 골프도 마찬가지입니다. 아마추어는 미스를 얼마나 줄이냐가 그날의 점수를 좌우합니다. 그러나 프로의

샷은 아마추어와 비교할 수 없을 정도로 훌륭합니다.

주식시장은 어떤 유형의 게임일까요? 미국의 유명한 인덱스펀드 투자 전략가인 찰스 엘리스(Charles Ellis)는 저서 《투자의 법칙》에서 주식투자는 패자의 경기라고 주장했습니다. 즉, 주식투자도 실수를 줄이는 사람이 이기는 경기라는 것입니다. 개인뿐만 아니라 전문가라 할 수 있는 기관투자자도 마찬가지라고 했습니다. 전문가들도 실수를 얼마나 줄이는가에 따라 승부가 갈리는데 하물며 실수가 많은 개인투자자는 결코 주식시장에서 이길 수 없다고 했습니다. 1990년 중반 이 책을 처음 접했을 때 개인투자자들이 주식시장에서 이기기 어렵다는 것은 쉽게 동의했으나 기관투자자들도 이기지 못한다는 것에 대해서는 의견이 분분했습니다. 기관투자자들은 대부분 시장에서 승자의 경기를 할 수 있다고 생각했습니다. 하지만 20년 이상이 흐른 지금 와서 돌이켜보면 기관투자자도 실수를 하며 지기도 합니다. 결국 주식시장은 실수를 덜하는 사람이 이기는 패자의 경기라는 말에 동의합니다. 실제로 국내외 펀드 중 벤치마크를 이기고 있는 것은 30~40% 내외에 불과합니다. 프로들도 돈을 잃는 곳이 주식시장입니다.

주식시장에서 돈을 버는 사람

2008년부터 10년간 개인투자자의 순매수 상위 10개 종목 연평균 수익률이 −20.9%라는 기사를 본 적 있습니다. 물론 측정 시점이 중요하기 때문에 통계는 그때그때 다르겠지만 개인투자자 중 이익을 본 사람보다는 손해를 본 사람이 훨씬 더 많을 겁니다. 그러면 그 많은 주식투자자 중에서 돈을 버는 사람들은 도대체 누구일까요? 필자가 오랫동안 지켜본 바로는 주식시장에서 돈 버는 사람은 초우량기업, 성공한 벤처기업의 대주주 그리고 그 회사의 주식을 가지고 있는 일부 임직원과 일부 외국인 투자자, 통찰력 있는 극소수의 개인, 영리한 소수의 개인 그리고 운 좋은 일부 개인투자자들입니다. 물론 세금을 걷는 정부와 수수료 수익을 얻는 증권사들은 항상 돈을 벌고 있습니다.

삼성그룹, 현대차그룹, LG그룹, 네이버 같이 상장에 성공한 벤처기업 등의 대주주들은 투자 효과를 가장 크게 본 사람들입니다. 이들은 기업

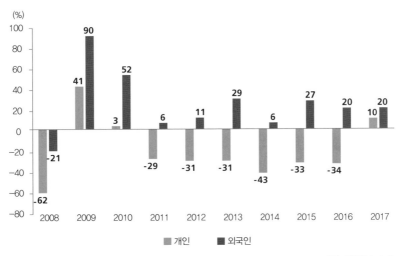

개인 및 외국인 순매수 상위 종목 성과(YTD 기준)

출처: 한국거래소, wisefn

을 창업하고 육성한 보상을 톡톡히 보고 있습니다. 또한 그런 기업에 입사해 우리사주를 받은 임직원들도 마찬가지입니다.

외국인 투자자에 대해 살펴봅시다. 시장이 개방된 이후 일부 외국인 투자자들은 차별화된 투자 기법으로 한국 우량주를 모았습니다. 외국인 투자자라고 다 돈을 버는 것은 아닙니다. 이들 중에서도 선별된 우량주 중심의 장기투자를 한 일부 외국인들은 분명 많은 수익률을 올리고 있을 겁니다. 시장이 개방된 초창기에는 주로 저평가된 저PER주들을 쓸어 담았습니다. 중요 국면마다 주식을 먼저 사기 시작해 많은 평가 차익을 누리고 있습니다.

돈을 번 개인투자자는 통찰력이 있거나 운이 좋거나 영리한 경우로 분류할 수 있겠습니다. 필자는 놀라운 개인투자자 몇 사람을 만날 기회가 있었습니다. 그들은 시대 흐름을 보는 눈이 매우 뛰어났으며 장기투자로 상상하기 어려운 수익률을 올렸습니다. 그러나 통찰력 있는 개인은 극소수이고 특별한 재능을 가진 사람입니다. 영리한 개인투자자는 주식 관련 전문 지식을 가지고 있는 전문투자자와 나름의 투자 기법으로 주식시장에서 돈을 버는 일반투자자로 나눌 수 있습니다. 회계사, 투자 관련 금융업 등에 종사하거나 펀드매니저, 애널리스트, 증권사 PB 등[1] 전문직에서 전환한 개인투자자들은 전문성과 정보 네트워크 등이 일반인들보다 우위에 있습니다. 그러나 우리의 예상과는 다르게 그들 중에서도

---

1 이들은 조직의 내부 통제 시스템에 따라 개인 주식투자가 금지되어 있거나 매매가 아주 제한적이다.

시장을 이기는 사람은 일부입니다. 일반인 중에서도 꾸준히 공부하는 소수의 개인투자자들이 시장을 이기고 있습니다. 통찰력 있는 개인투자자는 너무나 극소수이므로 돈을 버는 개인투자자는 영리하든지 혹은 운이 좋든지 둘 중 하나입니다. 일부 개인투자자들을 제외하면 일반적인 개인투자자들이 주식시장에서 돈을 벌고 있다는 증거는 별로 없습니다.

그럼에도 불구하고 왜 주식인가?

사람들은 왜 주식에 뛰어들까요? 물건을 살 때는 신중한 사람들이 주식투자는 왜 그렇게 쉽게 생각할까요? 주식투자에 무슨 매력이 있는 걸까요?

가장 큰 이유는 역시 수익성입니다. 시중은행 저축금리가 2% 대인 요즘 몇 배의 수익을 올릴 수 있는 주식은 어느 때보다도 매력적으로 보입니다. 종목 하나만 잘 선택해도 하루에 1년 이상 이자소득을 벌 수 있는 곳이 주식시장입니다. 강세장에서는 하루에 2~3% 오르는 종목이 수두룩합니다. 또한 우량주에 장기투자를 했다면 강남의 아파트 가격보다 더 높은 수익률을 올린 종목도 많이 있습니다. 우리가 다 아는 유명 회사들이 그렇습니다. 삼성전자, 삼성SDI, LG생활건강, 네이버 등이 대표적입니다. 물론 반대로 하루 만에 1년 이자를 날리기도 하고 장기투자로 주식이 휴지조각되는 경우도 있습니다. 그러나 저금리가 계속될수록 주식투자의 매력은 커지고 있습니다. 또한 배당이라는 보너스도 받을 수 있습니다. 일부 종목은 배당 수익률만으로도 이자 수익률을 상회하기도 합니다. 최근에는 기업들의 배당성향도 높아지는 추세입니다. 이러한 높은 기대수익률은 주식투자의 가장 큰 매력입니다.

두 번째, 투기적 환상 때문입니다. 모든 시장 참여자가 합리적이고 완전 효율적 시장에 가깝다면 주식시장에 투기는 존재하지 않을 것입니다. 그러나 때때로 시장은 이성을 잃고 광기에 휩싸이며 개별 종목들은 본질적 가치에 비해 일시적으로 몇 배 혹은 수십 배 이상 상승하기도 합니다. 나는 돈을 잃지 않을 것 같고 남보다 영리하며 투자 종목의 주가가 상승해 큰 부를 안겨줄 것 같은 황홀한 환상에 사로잡힙니다. 지인이 주식으로 큰돈을 벌었다는 소문이라도 들려오면 질투와 상대적 박탈감이 커지고 마음도 급해집니다. 나도 그렇게 벌 수 있을 것 같은 자기 최면에 빠지기도 합니다. 한편으로는 이러한 투기성이 인간의 욕심을 자극해 주식투자를 매력적으로 보이게 만듭니다. 도사리고 있는 위험보다 쉽게 돈을 벌 것 같은 투기적 환상이야말로 많은 사람을 주식시장에 뛰어들게 하는 요인 중 하나입니다.

세 번째 접근이 용이합니다. 다른 금융상품에 비해 구조가 간단합니다. 또 어느 정도 기초 지식만 있고 조금의 여윳돈만 있으면 누구나 할 수 있습니다. 매매 시스템도 간단하고 온라인이나 휴대폰으로 손쉽게 매매할 수 있습니다. 아무리 노력해도 골프로 타이거 우즈를 이기는 것은 불가능하지만 조금만 공부하고 주식투자에 소질이 있다면 경제학 박사보다도 잘할 수 있습니다.

주식투자는 일종의 게임과 비슷합니다. 다른 어느 금융상품보다 재미 있습니다. 주식시장에는 희로애락이 다 있습니다. 또한 중독성이 있어 쉽게 빠져나오기 어렵습니다. 주식시장의 순기능에도 불구하고 일부 학자들은 주식시장을 두고 합법적 도박장이라고 비판합니다.

앞서 말한 매력적인 이유 때문에 수많은 사람들이 주식시장에 직접 혹은 간접적으로 참여합니다. 떠나는 사람도 있으나 수많은 사람들이 다시 진입합니다. 그러나 주식시장은 무서운 곳입니다. 승리한 자는 소수이고 다수의 실패한 사람에게는 가혹합니다. 특히 개인투자자의 경우 영리한 소수만이 승리할 수 있습니다. 무엇보다도 개인투자자는 기관투자가 등 전문가 집단에 비해 정보 취득에 있어서 불리합니다. 출발선이 다릅니다. 심지어 주식시장은 소수의 프로가 다수의 아마추어에게 돈을 뺏는 경기라고도 합니다. 노력하는 소수의 사람이 자질도 부족하고 게으른 다수의 사람을 이길 수 있는 곳이 주식시장입니다. 일반투자자가 주식시장에서 승리하려면 남과 다른 영리한 투자전략과 노력이 꼭 필요합니다.

내가 주식투자에
실패하는 이유 10가지

많은 개인투자자들이 주식투자에 실패합니다. 주식투자에 실패하는 사람들을 가만히 들여다보면 몇 가지 공통점이 있습니다. 공통점은 10가지로 정리할 수 있습니다. 주식투자로 재미를 보지 못한 분들은 대부분 많은 사항에 해당되지 않을까요? 몇 가지 항목에 포함되는지 스스로 점검해보기 바랍니다. 5~6개가 넘는다면 이미 성과가 좋지 않을 가능성이 큽니다.

1. 투자성향이 주식에 적합하지 않습니다

주식은 리스크가 큰 상품입니다. 간접투자 방식인 펀드투자가 아닌 직접투자를 하면 리스크가 더 커집니다. 주변에서 보면 덜컥 주식투자를 시작했다가 안절부절 못하는 사람을 자주 보게 됩니다. 사실 이런 분은 주식투자와 잘 맞지 않는 것입니다. 투자하더라도 간접투자가 더 낫습니다. 주식투자 때문에 조급증에 시달린다든지 주식의 흐름에 따라 심한 감정기복을 경험한 사람이라면 다시 생각해봐야 합니다. 주식투자 전에 가장 먼저 할 일은 스스로가 주식투자에 적합한지를 아는 것입니다. 증권회사나 은행 등 금융기관에 직접 가서 테스트를 받아 보거나 금융사의 홈페이지에서 투자성향을 테스트할 수 있습니다. 투자성향은 안정형, 안정추구형, 위험중립형, 적극투자형, 공격투자형 등 총 5가지로 나뉩니다. 투자성향에 따라 주식투자에 적합한지 그리고 투자 비중을 어느 정도 할지 고려해야 합니다. 만약 안정형과 안정추구형이 나온다면 가급적 주식투자 비중을 너무 늘리지 않는 것이 좋습니다.

2. 기본 지식이 부족합니다

주식투자는 누구나 할 수 있습니다. 심지어 잘 모르는 주식을 사서 수익을 낼 수도 있습니다. 강세장에서는 오르는 종목이 많으니 어떤 주식을 사도 수익이 날 확률이 높습니다. 초보자가 감이나 추측에 의해 투자해 수익이 발생한 경우, 스스로 자질이 있다고 착각하게 됩니다. 그러나 초보자의 행운인 경우가 대부분입니다. 이러한 초보자들이 계속 투자하면 결국에는 실패할 가능성이 큽니다. 주식시장은 쉽게 보이기도 하지만 실제로 오랫동안 참여해보면 참 어려운 시장임을 대부분 인정합니다. 특히 시장이 약세장으로 전환되기라도 하면 전문가라 할지라도 대부분 손실이 발생합니다. 약세장에서는 전문가들도 수익을 내기 어렵기 때문에 펀드평가는 일반적으로 시장 대비 수익률로 합니다. 시장에서 승자가 되기 위해서는 우선 주식 관련 지식이 있어야 합니다. 분석을 위한 기본 지식과 투자종목의 정보를 분석할 수 있는 능력이 있어야 합니다. 많은 개인투자자들이 기본 지식이 부족한 상태에서 주식투자에 덤비고 있습니다. 무식하면 용감하다는 말이 있습니다. 그러나 그 결과는 비참합니다. 잘 모르고 주식시장에 뛰어드는 것은 무기 없이 전쟁터에 나가는 것과 같습니다.

3. 매매를 너무 많이 합니다

오프라인에 비해 매매수수료가 싼 온라인의 매매 비중이 높아지고 있습니다. 증권사가 경쟁적으로 매매수수료를 인하하고 있어 매매수수료 부담이 적어지고 있습니다. 몇몇 증권사의 경우, 수수료를 평생 무료로 하는 이벤트를 펼치기도 합니다. 그러나 매도 시 발생하는 세금은 온라인 매매를 해도 할인되지 않습니다. 매매대금의 0.3%가 세금으로 세금이 발생합니다.[1] 1년 동안 5번 사고팔았다면 매도대금의 1.5%를 세금으로 내는 것입니다. 즉, 매매를 많이 할수록 당연히 수수료 부담과 함께 세금 부담이 커지게 됩니다. 거래비용 1%가 작은 것 같지만 투자기간이

---

1 2019년 6월 3일자로 증권거래세가 0.05pt 인하됐다. 코스피시장은 기존 0.15%에서 0.10%로 코스닥시장은 0.30%에서 0.25%로 증권거래세가 하향 조정됐다. 단, 코스피시장 농어촌특별세는 기존 0.15%로 유지된다.

길어질수록 그 차이는 더 커지게 되며 펀드매니저를 평가할 때도 수익률 1% 차이는 매우 큽니다. 매매를 많이 하는 것은 당연히 비용이 수반되기 때문에 수익률의 차감 요인이 됩니다. 그래서 매매를 많이 하는 투자자가 고수익을 내기 어렵습니다.

4. 손절매를 하지 않고 물타기를 너무 쉽게 생각합니다

개인투자자들은 주가가 원금보다 하락할 경우 손절매에 익숙하지 않습니다. 어떤 분들은 하락을 속절없이 보고 있거나 하락이 충분하다고 생각하고 추가 매수를 합니다. 물론 추가 매수를 하여 매수 단가를 낮추는 소위 물타기 전략이 반드시 나쁜 것은 아닙니다. 그러나 실패로 끝나는 경우가 많습니다. 필자가 펀드운용을 할 때 10% 로스컷(Loss-Cut) 룰이 있었습니다. 매수가에서 10% 하락할 때는 가급적 손절매를 하는 것입니다. 만약 그렇지 않을 경우, 합당한 이유를 보고하고 결재를 받아야 했습니다. 당시는 이런 룰에 다소 거부감이 있었으나 경험이 쌓이면서 이 룰이 얼마나 훌륭한 규칙인지 깨달았습니다. 이제껏 경험으로 봐도 보통 손절매가 물타기보다 더 효율적이었습니다. 하락장의 경우, 이 규칙은 거의 절대적입니다. 떨어지는 것은 나름대로 이유가 있는데 우리는 주가가 끔찍이 하락한 후에야 이를 알아차립니다. 그때는 너무 늦습니다. 고수들이 손절매의 중요성을 강조하는 데는 다 이유가 있습니다.

5. 분산투자를 하지 않습니다

"계란을 한 바구니에 담지 마라"라는 증시 격언이 있습니다. 이는 분산투자의 중요성을 잘 나타냅니다. 물론 고수 중에는 집중투자로 큰돈을 번 사람도 있지만 일반적으로 한두 종목에 집중투자하는 경우 큰 손실을 볼 수 있습니다. 이론적으로는 15개 내외로 분산투자를 하면 개별 종목의 리스크는 거의 상쇄된다고 합니다. 개인투자자가 그렇게 많은 종목을 투자하는 것은 만만치 않습니다. 하지만 적어도 3개 이상 종목에 투자하면 위험을 많이 줄일 수 있습니다. 투자자금이 커질수록 종목 수도 늘려야 합니다.

6. 근거 없는 테마 매매를 추종합니다

증시에는 항상 많은 테마가 등장하고 사라집니다. 테마는 좋은 투자 대상이 되기도 하지만 일정 시간이 지나면 대부분 추풍낙엽처럼 나가떨어집니다. 어떤 테마가 형성되면 일시적으로 주가가 상승하기 때문에 많은 투자자들이 불나방처럼 달려듭니다. 그러나 그 테마가 근거가 없고 실적과도 무관하다는 것이 판명 나는 순간 주가는 폭락합니다. 주식에 투기적으로 접근하기 때문입니다. 선거철마다 등장하는 대선주자 관련 주들이 대표적입니다.[2] 테마는 실적으로 판명 나야 그 가치를 인정받습니다. 근거 없는 테마 매매야말로 손실을 보는 지름길입니다.

---

2 2017년 유력 대선 후보였던 반기문 전 UN사무총장이 대선 불출마 선언을 하자 관련주로 올랐던 종목들은 이틀 만에 30% 이상 폭락했고 대표적인 관련주였던 성문전자는 고점 대비 82% 까지 떨어지기도 했다.

7. 충동 매매를 자주 합니다

주식투자를 시작하면 보통 종목을 먼저 선정하고 분석 후 목표 매수 및 매도 가격을 정합니다. 그러나 일단 종목을 선정하면 사고 싶은 조급 증이 발생하고 원래 생각한 목표 매수가에 도달하지 않았음에도 성급히 매수하는 경향이 있습니다. 예상과 달리 관심 종목의 가격이 갑자기 상 승하면 조급함은 더욱 심해지고 상황 분석도 하지 않은 채 매수하게 됩 니다. 매도도 마찬가지입니다. 갑자기 시세가 흔들리면 목표 매도가에 한참 못 미쳐도 매도하는 경우가 있습니다. 물론 충동적으로 매수한 것 이 성공적일 수도 있고 매도도 잘한 케이스일 수 있습니다. 그렇지만 충 동적으로 매매한 것은 대부분 후회합니다. 특히 좋은 종목을 좋은 가격 에 잘 사놓고 작은 시세 움직임에 흔들려 파는 경우가 많습니다. 대부분 은 매도한 종목이 상승하면 다시 사기도 어렵습니다. 후회할 때가 되면 이미 주가는 저만치 달아나 있습니다. 우리는 충동적인 매도로 몇 배의 수익이 날 수 있는 종목을 얼마나 많이 놓쳤는지 모릅니다. 마음을 잘 다스리고 평상심을 유지하는 것도 매우 중요합니다.

8. 모르는 종목을 매매합니다

신중한 사람도 종목 선정은 쉽게 하는 경우가 많습니다. 심지어 잘 모 르는 사람이 추천한 종목을 사기도 하며 "너만 알고 있어"하는 속삭임 종목을 선뜻 사기도 합니다. 문제는 그 종목을 잘 알고 있으면 판단을 신중히 할 수 있으나 그렇지 않은 경우가 많습니다. 쉽게 큰돈을 벌 것 같은 유혹에 못 이겨 투자판단을 너무 쉽게 합니다. 그러나 이러한 투자는 대부분 실패로 끝납니다. 언제 팔아야 할지도 잘 모르고 주가가 요동치면 심리도 급격히 흔들리기 때문입니다. 사실 잘 아는 종목도 성공적인 투자로 이어지기 힘듭니다. 하물며 투자대상도 제대로 파악하지 않은 상태에서 투자하는 것은 돈을 잃기에 십상입니다. 최소한 투자회사의 사업내용, 최근 사업실적, 주가추이, 내재가치 등은 알고 투자해야 합니다.

9. 여유 자금으로 투자하지 않습니다

전망만 좋다면 차입을 통해 수익을 극대화하는 투자도 나쁘지 않습니다. 차입도 하나의 투자 수단입니다. 기업이나 개인은 부채를 이용합니다. 주식에서도 신용 및 주식담보 대출이라는 제도가 있습니다. 상황에 따라 부채를 이용해 투자할 수 있습니다. 그러나 증권사의 대출은 기간이 짧고 이자율이 높습니다. 강세장에서는 레버리지를 일으키는 것도 투자 방법 중 하나이나 투자종목이 약세로 전환될 때 만기기한에 쫓기면 냉정한 판단을 하기 어려워집니다. 또한 수익률을 달성하지 못하면 고율의 차입 비용을 감당하기도 만만치 않습니다. 투자는 일종의 심리 게임입니다. 심리가 불안하면 좋은 결과를 내기 어렵습니다.

10. 주변에 좋은 조언자가 없습니다

주식시장에는 광대한 정보가 유통됩니다. 매우 유용한 정보도 있고 쓸모 없는 정보도 많습니다. 개인투자자들은 많은 정보 중 일부를 선택해 분석하고 의사결정을 내려야 합니다. 한편으로 접하는 정보의 양이 제한적이기도 합니다. 이때 본인의 판단이 제대로 되고 있는지 의견을 교류할 수 있는 전문가가 옆에 있다면 매우 도움이 됩니다. 그러나 개인 투자자는 대부분 혼자서 판단하기 때문에 검증 절차를 생략합니다. 물론 판단은 본인이 해야 하고 결과 역시 본인 책임이지만 조언자가 주변에 있다면 좋은 결과를 얻을 가능성이 더 커집니다.

지피지기 백전불태

'지피지기면 백전백승이다'라는 말은 많이 들어봤을 것입니다. 전쟁이나 시합 전 자신과 적을 잘 알아야 좋은 결과를 낼 수 있다는 뜻입니다. 현실적으로 생각하면 좀 무리가 있는 말입니다. 아무리 자신과 상대를 잘 알아도 역량의 차가 크면 어쩔 수 없기 때문입니다. 실제 《손자병법》에는 백전백승이 아니라 백전불태(百戰不殆)로 표현돼 있습니다. 상대를 알고 나를 알면 백 번을 싸워도 위태롭지 않다는 의미입니다. 상대가 너무 강하면 도망가거나 대적을 안 하면 됩니다. 이 말을 주식시장에 인용해도 좋은 격언이 됩니다. 주식시장에서 알아야 할 상대는 당연히 투자하고자 하는 시장 혹은 기업입니다. 시장 상황을 정확히 판단하기는 쉽지 않습니다. 그래서 시장 전망을 무시하는 투자 전략이 유효할 수 있고 이러한 전략을 구사하는 기관투자자나 전문가들도 많이 있습니다. 따라서 어떤 전략을 구사하든지 제일 중요한 것은 투자하고자 하는 기업을 제대로 아는 것입니다. 그런데 많은 개인투자자들이 기업에 대해 잘 모르고 투자합니다. 특히 강세장에서는 많은 초보자들이 지인에게 추천 받아 투자하기도 합니다. 물건을 살 때는 그렇게 꼼꼼히 살피는 소비자들이 주식시장에만 들어오면 마음이 급해집니다. 주식시장의 특성상 단발적으로는 운이 많이 작용할 수 있고 추천한 사람이 전문가일 수도 있기 때문에 일시적으로는 돈을 벌 수 있을지 모릅니다. 그러나 이러한 행위가 반복되면 누적 수익률의 결과는 뻔합니다.

투자하는 기업에 대해 잘 안다는 것은 무슨 의미일까요? 기업의 내용은 비즈니스 유형 및 경쟁력 등 정성적인 부문과 숫자로 판단할 수 있는 정량적인 부문이 있습니다. 우선 정성적인 면에서 알아볼 주요 내용은 다음과 같습니다.

❶ 무슨 사업을 하는가?
❷ 그 사업은 요즘 돈을 잘 버는 사업인가?
❸ 그 기업은 성장·스토리가 있는가?
❹ 돈을 버는 구조가 명확하고 내가 잘 아는 구조인가?
❺ 경영진은 안정적이고 최근 경영진에 의한 리스크는 없는가?
❻ M&A, 큰 계약, CB 발행 등 기업의 최근 특이사항을 알고 있는가?

정량적으로 파악해야 하는 사항은 뒤에서 상세히 다룰 예정이지만, 최소한으로 알아야 할 사항을 요약하면 다음과 같습니다.

❶ 꼭 알아야 하는 숫자들: 매출액, 이익(영업이익, 순이익), 시가총액, 배당 등
❷ 최소 3년간(분기) 영업실적 변동 현황
❸ ROE 변동추이
❹ 밸류에이션(PER, PBR 등)

위의 10가지 항목 중에서 얼마나 알고 계신가요? 만약 알고 있는 항목이 4개 이하라면 '묻지마 투자'에 가까운 유형입니다. '이런 거 몰라도 돈만 잘 벌더라'라고 생각하는 사람이 있을지 모릅니다. 이런 사람들은 운이 좋거나 주변에 전문가가 있는 경우입니다. 즉, 주식시장에서 기업을 안다는 것은 기업이 무엇으로 돈을 벌고, 요즘 사업이 잘 되는지, 그것이 숫자로 증명되고 있는지, 증명된 숫자로 판단해서 주가가 적정한지를 아는 행위입니다.

나는 주식투자에 적합한가?

투자할 기업을 잘 아는 것도 중요하지만 더 중요한 것이 있습니다. 투자자로서 자신을 아는 것입니다. 따라서 주식투자는 위험을 동반합니다. 주식투자의 위험을 잘 모르고 투자하는 것은 어리석은 행동입니다.

보통 금융계에서는 투자성향을 5가지로 구분합니다. 안정형, 안정추

구형, 위험중립형, 적극투자형, 공격투자형 등 총 5가지입니다. 보통 주식에는 적극투자형과 공격투자형이 잘 맞습니다. 그러나 투자성향은 나이와 지식 그리고 경험 등에 의해 조금씩 변하기 때문에 주식투자에 맞지 않는 성향이라도 외면할 필요는 없습니다. 성향에 따라 간접투자를 할 수도 있고 주식투자 비중을 조정하면서 위험을 감당할 수 있습니다.

투자성향 못지 않게 중요한 것이 투자스타일입니다. 투자스타일이란 종목, 기간, 방법 등에 따라 성장주투자, 가치주투자, 모멘텀투자 등으로 나뉩니다. 또한 선호 종목도 블루칩 중심의 대형 우량주와 코스닥에 주로 많은 스몰캡 그리고 IT주, 바이오 등 사이즈 및 산업별로 다양합니다. 꼭 특정 부분에 한정해 투자할 필요는 없지만 자신의 성향과 잘 맞는 투자군 중심으로 종목을 선정하는 것이 바람직합니다. 투자할 때 마음이 편하고 결과도 좋은 경우가 나와 궁합이 잘 맞는 종목이라고 할 수 있습니다.

주식시장은 변수가 워낙 많습니다. 이러한 싸움터에서 자신과 적을 모르고 경기하면 결과는 뻔합니다. 영리한 투자의 제1원칙은 지피지기(知彼知己)입니다. 자신을 잘 알고 기업분석을 하면 주식투자에서 위태롭지 않습니다. 워런 버핏도 항상 강조하지만 주식시장에서 가장 중요한 것은 돈을 잃지 않는 것입니다. 잃지 않으면 벌 수 있습니다.

PART **II**

재무제표
읽기

재무제표나 투자지표를 몰라도 주식투자를 할 수는 있습니다. 하지만 많은 자료분석이 재무제표를 통해 이뤄지고 있습니다. 따라서 재무제표를 잘 알아두면 기업을 이해하는 데 큰 도움이 됩니다.

학창시절에 회계를 배우지 않았거나 따로 공부하지 않았다면 재무제표를 읽는 데 부담을 느끼기 마련입니다. 투자자는 회계 장부를 작성하는 것이 아니므로 증권 분석에 필요한 몇 가지 회계 지식만 익히면 누구나 재무제표 분석을 할 수 있습니다.

재무제표의 종류에는 재무상태표, 손익계산서, 자본변동표, 현금흐름표 등이 있습니다. 모두 잘 알면 좋겠지만 기업을 분석하는 데는 재무상태표, 손익계산서만 알아도 충분합니다. 자본변동표는 간단한 회계지식만 있어도 이해할 수 있으나 현금흐름표를 이해하는 데는 상당한 회계적 지식이 필요합니다. 현금흐름표는 한계기업과 신용도가 낮은 소형주 분석에 아주 유용합니다. 여기서는 재무상태표와 손익계산서를 중점으로 다룰 예정입니다. 한편 2011년부터는 국제회계기준을 적용하면서 연결재무제표를 주 재무제표로 규정하고 있습니다. 우선 이해를 쉽게 하기 위해 별도 재무제표를 먼저 다루도록 하겠습니다.

재무상태표는
어떤 정보를 제공할까?

재무상태표는 과거에 대차대조표로 불렸습니다. 이는 특정 시점에서 기업이 보유하고 있는 자산, 부채, 자본 등 재무상황을 보여주는 보고서 입니다. 기업의 재무상태표를 들여다 보면 자산 보유 현황과 돈을 어떻게 조달하고 있는지를 알 수 있습니다. 즉, 사업을 하기 위해 내 자본을 많이 사용했는지 아니면 타인 자본인 부채를 많이 조달했는지 등 입니다. 그리고 조달한 자금으로 지금까지 돈을 얼마나 벌었는지도 알 수 있습니다.

자산 유동자산 비유동자산	부채 유동부채 비유동부채	
	자본	잉여금
		자본금

사실 위 박스만 기억하면 재무상태표의 중요 개념은 거의 다 안다고 볼 수 있습니다.[1] 그림과 같이 재무상태표는 자산과 부채 그리고 순자산인 자본으로 구성됩니다. 자산과 부채는 다시 유동자산과 비유동자산, 부채는 유동부채와 비유동부채로 나뉩니다. 유동과 비유동을 구분하는 기준은 1년입니다. 즉, 1년 안에 현금화할 수 있는 자산은 유동자산, 그렇지 않은 자산은 비유동자산입니다. 부채도 1년 안에 갚아야 할 부채는 유동부채, 그 외 부채는 비유동부채로 표시합니다. 유동자산에는 현금, 예금, 재고자산, 매출채권 등이 있고 비유동자산에는 기계장치, 토지, 건물 등의 고정자산과 영업권 등의 무형자산이 있습니다. 유동부채에는 매입채무, 단기차입금 등이 있고 비유동부채에는 장기차입금과 회사채가 있습니다.

자본 항목을 상세히 보자

자본 항목은 조금 더 상세히 살펴야 합니다. 자본은 크게 자본금과 잉

---

[1] 기업회계기준상 순서는 자본금, 잉여금 순이나 유보율 계산 공식을 기억하기 위해 순서를 바꾼다. 부채와 자본, 잉여금과 자본금을 나누는 가로줄은 나누기로 생각하면 편리하다.

여금으로 구분됩니다. 자본금은 흔히 말하는 시드머니입니다. 주식회사는 주식을 발행해서 자본금을 마련합니다. 잉여금은 기업의 경영활동으로 발생한 이익잉여금과 자본거래에서 발생한 자본잉여금으로 구분됩니다. 대표적인 자본잉여금이 주식발행초과금입니다. 기업의 이익이 계속 발생해서 잉여금이 쌓이거나 주식을 액면가 대비 할증 발행하면 자본은 계속 늘어납니다. 반대로 적자가 나면 잉여금이 쌓일 수 없고 상황이 악화되면 자본이 잠식되기도 합니다.

한편 자본총액에서 가감 항목으로 기재되는 기타자본 항목이 있습니다. 기타자본 항목의 대표적인 것이 자기주식입니다. 최근에는 자사주를 매입하는 기업이 늘어나고 있습니다. 자사주를 매입하는 이유에는 여러 가지가 있으나 유통주식수를 줄여주고 매입 후 소각하면 실제 주식수가 감소하기 때문에 주가상승 요인이 됩니다. 이때 매입한 자사주는 자본에서 차감하는 기타자본 항목에 계상됩니다.

부채비율과 유보율

우리는 재무상태표를 통해 기업의 안정성을 판단할 수 있는 여러 지표를 만듭니다. 이 중 가장 유용한 지표가 부채비율과 유보율입니다. 주요 안정성 재무비율인 부채비율과 유보율은 오른쪽 박스만 기억하면 됩니다. 부채비율[2]은 부채 총액을 자본으로 나눈 것으로 기업의 안정성을 평가하는 대표적인 비율입니다. 예를 들어, A 기업의 부채가 100억 원

---

2 부채비율(%) = 부채/자기자본×100, 100% 이하가 이상적이다.

자기자본이 50억 원이면 부채비율은 200%입니다.

잉여금의 합을 자본금으로 나눈 것이 유보율[3]입니다. 기업이 사내에 얼마나 많은 잉여자산을 보유하고 있는지 알 수 있는 지표입니다. A 기업의 잉여금이 30억 원, 자본금이 20억 원이면 유보율은 150%입니다.

재무상태표의 행간을 읽어라

기업이 영업활동을 지속하면 자산과 부채가 증가하거나 감소하는 것은 당연한 현상입니다. 그런데 기업의 특정 자산, 부채 항목이 전년 대비 눈에 띄게 증가하거나 감소하는 경우가 있습니다. 왜 이런 현상이 벌어지는지 파악하는 것이 굉장히 중요합니다. 예를 들어, 재고자산이 늘었다면 매출 증가에 따른 것인지 아니면 영업활동 부진에 따른 것인지 차입금이 늘었다면 그 이유는 무엇인지 등입니다. 특히 어떤 소형주가 전년 대비 차입금이 크게 늘었고, 그중 전환사채(CB)가 눈에 띈다면 발행 목적은 무엇이고 발행 조건과 발행 금액 등을 알아야 합니다. 또 재투자를 하고 있는지 아니면 부동산, 주식 등 다른 곳에 한눈을 팔고 있는지도 알 수 있습니다.

재무제표 분석은 대부분 손익계산서에 치중하게 됩니다. 주가에 가장 큰 영향을 미치는 것이 기업의 손익이기 때문입니다. 만약 관심 기업이 작고 시장에 유통되는 정보가 별로 없다면 재무상태표의 중요도는 상대적으로 커집니다. 재무상태표만 잘 봐도 기업의 성격이 드러납니다. 경영

---

3 유보율(%) = (이익잉여금+자본잉여금)/자본금×100. 보통 높을수록 좋다.

스타일이 보수적인지 공격적인지, 오직 사업에만 몰두하고 있는지, 안주하고 있는지 새로이 변신을 추구하고 있는지, 무엇보다도 기업의 안정성이 어떤지 등 말입니다.

▍삼성전자 재무상태표

재무상태표
제 50 기 2018.12.31 현재
제 49 기 2017.12.31 현재
제 48 기 2016.12.31 현재

(단위 : 백만 원)

	제 50 기	제 49 기	제 48 기
자산			
유동자산	80,039,455	70,155,189	69,981,128
현금및현금성자산	2,607,957	2,763,768	3,778,371
단기금융상품	34,113,871	25,510,064	30,170,656
매출채권	24,933,267	27,881,777	23,514,012
미수금	1,515,079	2,201,402	2,319,782
선급금	807,262	1,097,598	814,300
선급비용	2,230,628	2,281,179	2,375,520
재고자산	12,440,951	7,837,144	5,981,634
기타유동자산	1,390,440	582,257	743,163
매각예정분류자산			283,690
비유동자산	138,981,902	128,086,171	104,821,831
장기매도가능금융자산		973,353	913,989
기타포괄손익–공정가치금융자산	1,098,565		
당기손익–공정가치금융자산	7,413		
종속기업, 관계기업 및 공동기업 투자	55,959,745	55,671,759	48,743,079
유형자산	70,602,493	62,816,961	47,228,830
무형자산	2,901,476	2,827,035	2,891,844
장기선급비용	4,108,410	3,031,327	3,507,399

	제 50 기	제 49 기	제 48 기
순확정급여자산	562,356	811,210	557,091
이연법인세자산	654,456	586,161	110,239
기타비유동자산	3,086,988	1,368,365	869,360
자산총계	219,021,357	198,241,360	174,802,959
부채			
유동부채	43,145,053	44,495,084	34,076,122
매입채무	7,315,631	6,398,629	6,162,650
단기차입금	10,353,873	12,229,701	9,061,167
미지급금	8,385,752	9,598,654	7,635,740
선수금	214,615	214,007	200,445
예수금	572,702	500,740	389,528
미지급비용	6,129,837	6,657,674	6,284,646
미지급법인세	7,925,887	6,565,781	2,055,829
유동성장기부채	5,440	5,201	5,854
충당부채	2,135,314	2,273,688	2,221,717
기타유동부채	106,002	51,009	58,546
비유동부채	2,888,179	2,176,501	3,180,075
사채	43,516	46,808	58,542
장기미지급금	2,472,416	1,750,379	2,808,460
장기충당부채	372,217	379,201	312,467
기타비유동부채	30	113	606
부채총계	46,033,232	46,671,585	37,256,197
자본			
자본금	897,514	897,514	897,514
우선주자본금	119,467	119,467	119,467
보통주자본금	778,047	778,047	778,047
주식발행초과금	4,403,893	4,403,893	4,403,893
이익잉여금	166,555,532	150,928,724	140,747,574
기타자본항목	1,131,186	(4,660,356)	(8,502,219)
자본총계	172,988,125	151,569,775	137,546,762
자본과부채총계	219,021,357	198,241,360	174,802,959

출처: DART

삼성전자 자본변동표

자본변동표

제 50 기 2018.01.01 부터 2018.12.31 까지
제 49 기 2017.01.01 부터 2017.12.31 까지
제 48 기 2016.01.01 부터 2016.12.31 까지

(단위 : 백만 원)

		자본					
		자본금	주식발행초과금	이익잉여금	기타자본항목	매각예정분류기타자본항목	자본합계
2016.01.01(기초자본)		897,514	4,403,893	143,629,177	(12,526,126)	23,797	136,428,255
회계정책변경누적효과							
수정후 기초자본		897,514	4,403,893	143,629,177	(12,526,126)	23,797	136,428,255
자본의 변동	당기순이익(손실)			11,579,749			11,579,749
	매도가능금융자산평가손익				(397,780)	(23,797)	(421,577)
	기타포괄손익-공정가치 금융자산평가손익						
	순확정급여자산 재측정요소				729,634		729,634
	배당			(3,061,361)			(3,061,361)
	자기주식의 취득				(7,707,938)		(7,707,938)
	자기주식의 소각			(11,399,991)	11,399,991		
2016.12.31(기말자본)		897,514	4,403,893	140,747,574	(8,502,219)		137,546,762
2017.01.01(기초자본)		897,514	4,403,893	140,747,574	(8,502,219)		137,546,762
회계정책변경누적효과							
수정후 기초자본		897,514	4,403,893	140,747,574	(8,502,219)		137,546,762
자본의 변동	당기순이익(손실)			28,800,837			28,800,837
	매도가능금융자산평가손익				(30,226)		(30,226)
	기타포괄손익-공정가치 금융자산평가손익						
	순확정급여자산 재측정요소				349,950		349,950
	배당			(6,747,124)			(6,747,124)
	자기주식의 취득				(8,350,424)		(8,350,424)
	자기주식의 소각			(11,872,563)	11,872,563		
2017.12.31(기말자본)		897,514	4,403,893	150,928,724	(4,660,356)		151,569,775
2018.01.01(기초자본)		897,514	4,403,893	150,928,724	(4,660,356)		151,569,775
회계정책변경누적효과				61,021	(61,021)		

	자본					
	자본금	주식 발행 초과금	이익 잉여금	기타 자본 항목	매각예정 분류기타 자본항목	자본 합계
수정후 기초자본	897,514	4,403,893	150,989,745	(4,721,377)		151,569,775
자본의 변동 당기순이익(손실)			32,815,127			32,815,127
매도가능금융자산평가손익						
기타포괄손익-공정가치 금융자산평가손익			(2,697)	(85,643)		(88,340)
순확정급여자산 재측정요소				(289,981)		(289,981)
배당			(10,143,345)			(10,143,345)
자기주식의 취득				(875,111)		(875,111)
자기주식의 소각			(7,103,298)	7,103,298		
2018.12.31(기말자본)	897,514	4,403,893	166,555,532	1,131,186		172,988,125

출처: DART

삼성전자 현금흐름표

(단위 : 백만 원)

	제 50 기	제 49 기	제 48 기
영업활동 현금흐름	44,341,217	38,906,190	23,984,804
영업에서 창출된 현금흐름	53,596,311	41,350,471	24,901,464
당기순이익	32,815,127	28,800,837	11,579,749
조정	27,095,149	18,012,976	14,910,093
영업활동으로 인한 자산부채의 변동	(6,313,965)	(5,463,342)	(1,588,378)
이자의 수취	459,074	491,501	622,118
이자의 지급	(343,270)	(265,364)	(208,010)
배당금 수입	779,567	1,118,779	903,758
법인세 납부액	(10,150,465)	(3,789,197)	(2,234,526)
투자활동 현금흐름	(31,678,548)	(28,118,806)	(14,240,450)
단기금융상품의 순감소(증가)	(7,203,807)	2,960,592	(1,407,068)
단기매도가능금융자산의 처분			3,010,003
장기금융상품의 처분		1,700,000	700,000
장기금융상품의 취득	(1,860,000)	(500,000)	(1,700,000)
장기매도가능금융자산의 처분		98,265	692,547
장기매도가능금융자산의 취득		(163,765)	(477,744)
기타포괄손익–공정가치금융자산의 처분	7,345		
기타포괄손익–공정가치금융자산의 취득	(204,055)		
당기손익–공정가치금융자산의 처분	7,421		
당기손익–공정가치금융자산의 취득	(1,776)		
종속기업, 관계기업 및 공동기업 투자의 처분	25,846	1,438,362	2,416,678
종속기업, 관계기업 및 공동기업 투자의 취득	(520,660)	(7,492,843)	(4,648,008)
유형자산의 처분	340,558	244,033	335,288
유형자산의 취득	(21,387,378)	(25,641,229)	(12,161,084)

	제 50 기	제 49 기	제 48 기
무형자산의 처분	706	456	6,357
무형자산의 취득	(880,032)	(843,096)	(1,046,676)
현금의 기타유출입	(2,716)	80,419	39,257
재무활동 현금흐름	(12,818,480)	(11,801,987)	(9,037,006)
단기차입금의 순증가(감소)	(1,796,186)	3,300,611	1,737,871
자기주식의 취득	(875,111)	(8,350,424)	(7,707,938)
사채 및 장기차입금의 상환	(5,357)	(6,043)	(5,860)
배당금 지급	(10,141,826)	(6,746,131)	(3,061,079)
외화환산으로 인한 현금의 변동			8,063
현금 및 현금성자산의 증가(감소)	(155,811)	(1,014,603)	715,411
기초 현금 및 현금성자산	2,763,768	3,778,371	3,062,960
기말 현금 및 현금성자산	2,607,957	2,763,768	3,778,371

출처: DART

알기 쉬운
손익계산서

손익계산서는 기업의 1년간 경영 실적을 보여줍니다. 즉, 발생한 수익과 비용으로 이익(손실)이 얼마나 발생했는지를 보여주는 재무제표입니다. 손익계산서 안에는 매출부터 생산, 판매, 재무활동 등이 기록돼 있어 기업의 영업활동이 제대로 이뤄지는지 파악할 수 있습니다. 수익은 기업이 경제활동으로 얻은 가치 총액입니다. 제조업체에서는 영업수익은 매출이라 부르고 금융수익 같이 본업과 상관없는 수익은 영업외수익이라 부릅니다.

순이익 = 수익 − (비용, 세금)

수익에서 비용과 세금을 빼면 순이익이 나옵니다. 그런데 손익계산서

📊 손익계산서

매출액
매출원가(−)
매출총이익
판매비와관리비(−)
영업이익
영업외수익(+)
영업외비용(−)
법인세전순이익
법인세(−)
당기순이익

수익	비용
매출액(영업수익)	매출원가 판매비와 관리비 영업외비용 법인세
영업외수익	당기순이익

는 비용을 여러 항목으로 나눠 단계적으로 이익을 구하고 마지막에 세금을 빼서 당기순이익이 나오는 과정을 표시합니다.

매출과 영업외수익은 수익 항목이고 매출원가, 판매비와 관리비, 영업외비용, 세금은 비용 항목입니다. 이렇게 수익과 비용을 구분해 표시하면 투자자는 원하는 정보를 보다 상세히 얻을 수 있습니다.

제조업체의 매출원가에는 재료비, 노무비, 경비 등이 포함돼 있고, 판매비와 관리비에는 인건비, 마케팅비, 복리후생비, 임차료 등이 포함됩니다. 매출에서 매출원가와 판매비, 관리비 항목을 빼면 영업이익이 나옵니다. 과거에 비해 요즘은 회사의 순이익보다 영업이익에 더 관심이 많습니다. 영업이익이 사업의 본질적 역량을 잘 보여주기 때문입니다. 주식 매도, 환율변동에 따른 평가손익, 토지 매각 등 일회성 손익이 발생한 연도는 영업외수지에 의해 순이익이 크게 영향을 받습니다. 또한 각국의 이자율과 세율이 다르기 때문에 이 변수들이 영향을 미치지 않는 영업이익을 중심으로 외국인 역시 투자하고 있습니다. 영업외수익과 비용은 금융이자와 같이 주로 재무활동에서 발생한 수익과 비용으로 구성됩니다. 영업외수익과 비용을 더하고 뺀 순이익에 법인세 등을 빼주면 당기순이익이 나옵니다.

우리가 이렇게 상세히 손익계산서를 들여다보는 이유는 기업의 판매, 생산, 관리, 마케팅 및 재무활동 등 다양한 활동이 잘 이뤄지고 있는지 그리고 앞으로 잘할 가능성이 있는지 알기 위해서입니다.

손익계산서 분석의 시작, 매출 분석

손익계산서 분석의 시작은 매출 분석부터입니다. 매출은 기업이 소비자에게 제품, 상품 등의 판매와 용역, 서비스 등을 제공하고 얻는 경제적 수익을 말합니다. 매출에서 생산, 판매 활동에 발생한 비용을 빼면 이익이 나옵니다. 따라서 매출 분석은 기업 분석의 첫 단추라 할 수 있습니다.

$$매출 = P(가격) \times Q(수량)$$

판매단가와 판매량에 따라 매출은 변동합니다. 판매단가의 변동 요인은 외부적 요인과 내부적 요인으로 나눌 수 있습니다. 외부적 요인에는 제품 경쟁력에 따른 수요 변동, 경기사이클에 따른 수요 변동, 원자재 가격 변동, 환율 변동 등이 있습니다. 내부적 요인으로는 생산공정 개선, 기술혁신에 따른 가격 하락 요인과 인건비 상승에 따른 판매 가격 전가 등이 있습니다. 일반적으로 가격 변동은 수요에 영향을 미칩니다. 그러나 가격이 오른다고 수요가 감소해 매출이 감소하거나 가격이 내린다고 수요가 늘어 매출이 증가하지는 않습니다. 철강, 화학 등 경기 관련 회사의 경우, 원자재 가격이 상승할 때 매출은 증가합니다. 한편 제조업체 경우, 기술혁신이나 생산공정 개선 등으로 매출이 늘어날 수 있습니다.

판매 수량이 변동하는 요인도 여러 가지입니다. 판매선 추가 확보, 원가 절감 등 가격 하락 요인 발생에 따른 가격경쟁력 확보, 신제품 출시 등 내부적 요인과 환율 변동에 따른 가격경쟁력 확보, 경쟁회사 부진, 일시적 특수, 계절 등 외부적 요인이 있습니다.

보통 기업의 매출은 매년 증가하는 것이 일반적입니다. 매출이 정체하거나 감소했다면 적신호라 할 수 있습니다. 따라서 일시적인 요인 때문인지 아니면 기업 경쟁력에 변동이 생긴 건지 분석해야 합니다. 대부분의 기업은 단일 제품만 판매하는 게 아니라 여러 사업(제품)을 생산, 판매하고 있습니다. 삼성전자는 반도체, 스마트폰, 백색가전, TV 등 다양한 제품을 생산, 판매하고 있습니다. 이 경우, 매출의 변동 요인은 더욱 복잡하고 다양해집니다. 따라서 판매 제품이 다양할수록 변수 또한 다양하기 때문에 가급적 비즈니스모델이 단순한 회사를 선정해 분석하는 것이 좋습니다. 한편, 매출 분석을 하다 보면 ASP와 ARPU 같은 용어를 많이 접하게 됩니다. 단말기, 셋탑 박스 등 단순제품의 경우 ASP(Average Sales Price: 평균판매단가)와 게임, 통신서비스, 케이블TV 등 서비스를 판매하는 경우 ARPU(Average Revenue Per User: 사용자 평균지출금액) 등이 애널

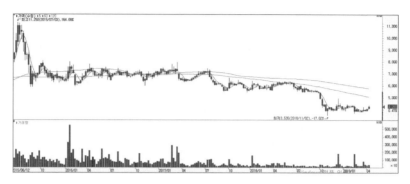

(단위: 억 원)

	2014년	2015년	2016년	2017년	2018년
매출액	918	774	697	650	615
영업이익	11	−82	−65	−46	−30

출처: Fn Guide

리스트 리포트에 포함됩니다. 이를 이용하는 것도 매출변동 요인을 분석하는 좋은 방법입니다.

백세주로 유명한 국순당의 최근 5년간 매출 추이 및 차트 움직임입니다. 국순당은 백세주 이후 히트작 부재와 전통주 수요 부진으로 매출이 하락했으며 급기야 4년 연속 적자를 기록했습니다. 주가도 지속적 하락세를 면치 못하고 있습니다.

손익계산서 분석에 유용한 비율 지표

손익계산서를 잘 분석하기 위해서는 몇 가지 비율 지표가 필요합니다.

첫째, 매출 및 이익 증가율 등 성장성 지표입니다. 전년도(전분기)보다 는 몇 년(분기) 동안 의미 있는 변동이 있었는지 살펴봐야 합니다. 판매가 잘 되고 있는지 이익 증가율이 매출 증가율을 능가하고 있다면 그 원인 은 무엇인지 등을 확인해야 합니다. 의미 있는 결과를 도출하려면 보통 3~4년은(분기) 살펴보는 것이 좋습니다. 4~5년은 분석해야 의미 있는 결 과를 도출할 수 있는 기업도 많습니다.

둘째, 매출 대비 이익을 비교해 수익성을 봐야 합니다. 이를 위해 매 출 대비 수익성 비율인 매출총이익률, 매출영업이익률, 매출순이익률 등 이 많이 사용됩니다. 제조업의 경우 재료비, 경비 등 큰 비용 항목이 포 진해 있는 매출원가 분석이 매우 중요합니다. 시설투자를 하거나 원재료 비 등에서 큰 변화가 있을 때 매출총이익률이 변동하기 때문입니다. 여 기에 판매와 관리를 위한 비용 분석까지 더한 것이 매출영업이익률입니 다. 이때 경비와 판관비에 속해 있는 감가상각비는 비용의 큰 부분을 차 지하고 현금흐름 분석에도 매우 중요하므로 특히 유심히 봐야 합니다. 사실 매출순이익률을 분석하면 매출 대비 모든 비용항목을 알 수 있으 나 일회성 수익 및 비용 등에 의해 왜곡될 여지가 있어 매출영업이익률 을 많이 사용합니다.

한편, 수익성과 성장성을 같이 분석해야 합니다. 예를 들어, 어느 기 업의 매출이 매년(분기) 10%씩 성장하는데 매출액영업이율이 매년(분기)

10.0%, 9.0%, 8.0%로 변했다면 비용 측면에서 무엇 때문에 수익성이 저하되고 있는지 파악해야 합니다.

우리는 투자 기업의 예상 자료를 다양한 경로를 통해 얻을 수 있습니다. 손익계산서만 잘 분석해도 영업활동이 어떻게 이뤄지고 있고 장사를 잘하고 있는지 앞으로 어떻게 될 것인지 예측할 수 있습니다. 최소 당해년도 예상치와 내년도 자료 정도만 점검해도 투자하는 데 많은 도움이 됩니다. 자세한 내용은 재무비율 분석에서 다루도록 하겠습니다.

삼성전자 손익계산서

손익계산서
제 50 기 2018.01.01 부터 2018.12.31 까지
제 49 기 2017.01.01 부터 2017.12.31 까지
제 48 기 2016.01.01 부터 2016.12.31 까지

(단위 : 백만 원)

	제 50 기	제 49 기	제 48 기
수익(매출액)	170,381,870	161,915,007	133,947,204
매출원가	101,666,506	101,399,657	97,290,644
매출총이익	68,715,364	60,515,350	36,656,560
판매비와관리비	25,015,913	25,658,259	23,009,124
영업이익(손실)	43,699,451	34,857,091	13,647,436
기타수익	972,145	2,767,967	2,185,600
기타비용	504,562	1,065,014	1,289,594
금융수익	3,737,494	4,075,602	5,803,751
금융비용	3,505,673	4,102,094	5,622,119
법인세비용차감전순이익(손실)	44,398,855	36,533,552	14,725,074
법인세비용	11,583,728	7,732,715	3,145,325
계속영업이익(손실)	32,815,127	28,800,837	11,579,749
당기순이익(손실)	32,815,127	28,800,837	11,579,749
주당이익			
기본주당이익(손실) (단위 : 원)	4,830	4,178	1,632
희석주당이익(손실) (단위 : 원)	4,830	4,178	1,632

출처: DART

비용 분석에 너무나 중요한 감가상각비

시간이 지남에 따라 건물이나 기계 같은 유형자산은 가치가 하락합니다. 처음 매입한 유형자산의 원가에서 시간이 지남에 따라 감소하는 자산가치의 하락을 비용으로 반영합니다. 고정자산의 일정액 감소분을 '감가상각비'라고 합니다. 그럼 유형자산을 구입한 첫 해에 비용을 처리하지 않고 왜 나눠서 회계처리를 할까요? 기계나 건물의 구입 비용을 한 해에 다 반영하면 매년 수익에 기여하고 있음에도 그 다음 해부터 매출에 반영되는 비용이 없기 때문입니다.

예를 들어, 기계를 10억 원에 구입했는데 감가상각을 5년간 정액으로 하면 그 해 10억 원 비용을 다 반영하는 것이 아니고 5년간 매년 2억씩 비용을 반영하게 됩니다. 이와 같이 매출과 비용을 적절히 감안하는 것을 수익비용 대응의 원칙이라고 합니다. 그리고 일반적으로 감가상각의 방법은 매년 일정액을 감가하는 정액법과 일정률로 감가하는 정률법으로 나뉩니다. IFRS 도입 이후 대부분 기업들은 정액법을 사용하고 있습니다.

손익계산서 분석 강의를 할 때마다 감가상각비가 어느 계정 항목에 들어있는지 많은 분들이 물어보곤 합니다. ① 매출원가 ② 판매와 관리비 ③ 영업외비용. 이 중 어느 항목에 속할까요? 정답은 ①, ②번입니다. 놀랍게도 어느 정도 회계 지식이 있는 금융회사 직원들도 답을 맞추는 경우가 드뭅니다. 감가상각비는 매출원가의 경비와 판관비 항목에 속합니다. 전자는 생산시설의 감가상각비이고 후자는 일반 관리에 필요한 자산의 감가상각비입니다. 생산 현장(공장)과 본사의 감가상각비라 생각하면 구분이 편합니다.

감가상각비 분석의 중요성

감가상각비는 외부로 유출되지 않는 비현금성 비용입니다. 이는 현금흐름 분석의 중요한 요소입니다. 예를 들어, 당해 시설투자가 없었던 A 기업의 결산 실적이 적자 10억 원, 비용으로 반영된 감가상각비가 20억 원이라고 하면 실제 그 기업에 들어온 현금은 10억 원입니다. 만약 내가 이 기업을 30억 원에 인수한다고 하면 비록 현재는 적자기업이나 인수비용을 회수하는 데 3년밖에 걸리지 않습니다. 만약 인수 당시 감가상각 잔존기간이 3년이라고 하면 4년차부터는 감가상각비 부담이 없으므로 30억씩 흑자가 나는 셈입니다(새로운 시설투자가 없고 기존 시설을 이용한다고 가정한다). 감가상각비는 주식투자뿐 아니라 기업 M&A에서도 매우 중요한 비용 항목입니다. 이와 같은 현금흐름이 가장 잘 반영된 밸류에이션 지표가 EV(기업가치)/EBITDA(이자, 세금, 감가상각비 차감 전 영업이익)입니다. 이 지표를 이해하고 활용하기 위해서는 감가상각비의 개념을 이해하는 것

이 무엇보다도 중요합니다.

　시설투자가 많은 제조업의 경우, 총 비용에서 감가상각비 비중이 매우 큽니다. 감가상각비 증감에 따라 순이익과 현금흐름에 미치는 영향이 크기 때문에 감가상각비는 기업 분석에 매우 중요한 계정항목입니다. 시설투자를 많이 한 경우, 투입 비용과 기업의 실적이 시간적 갭을 갖는 것이 일반적입니다. 따라서 시설투자가 많은 초기에는 감가상각비 부담이 커짐에 따라 매출액 대비 이익률은 감소합니다. 물론 예상한 대로 실적이 따라주면 이익의 규모와 질은 개선됩니다. 그러나 기대한 실적이 나올지는 냉정하게 지켜볼 필요가 있습니다. 반대로 고정자산의 감가상각 기간이 거의 끝난 상태고 당장의 투자를 진행하지 않는 기업의 경우 감가상각의 부담이 줄어들면서 수익이 크게 개선되기도 합니다. 따라서 감가상각비는 기업의 수익가치에 큰 영향을 주기 때문에 규모와 추이를 잘 파악해야 합니다.

연결재무제표
쉽게 이해하기

2011년부터 국제회계기준(IFRS)을 적용하면서 연결기준에 해당하는 모든 상장기업은 한국채택국제회계기준(K-IFRS)의 기준에 따라 연결재무제표를 주 재무제표로 규정하고 있습니다. 과거 회계기준과 K-IFRS의 차이점은 다음과 같습니다.

첫째, 자산과 부채 평가방법에서 일반회계기준은 취득가로 했으나 K-IFRS상에는 공정가치(Fair Value)[1]로 표시합니다. 둘째, 일반회계기준은 개별재무제표 중심이나 K-IFRS는 연결재무제표를 주 재무제표로 합니다. 셋째, K-IFRS는 주석의 양이 상대적으로 많습니다.

---

1 금융자산과 금융부채는 물론 유형자산, 무형자산 및 부동산에 이르기까지 모든 자산을 현재시점에서 거래되는 가치로 평가한다. 우리가 흔히 말하는 시가와 비슷하다.

연결재무제표는 기존 재무제표와는 별개로 지배기업과 종속기업의 자산, 부채, 매출, 당기순이익 등을 합쳐서 또 다른 하나의 재무제표를 만드는 것입니다. 여기서 말하는 지배기업과 종속기업과의 관계는 한 기업이 다른 기업을 실제적으로 지배하고 있을 때를 말하는 것으로 일반적으로 실무에서는 지배기업이 종속기업 지분 50%를 초과할 때 성립됩니다. 만약 피지배기업의 지분율이 20~50% 사이라면 관련기업을 관계회사로 부르며 지분법에 따라 회계처리 합니다. 단, 지분율이 절대적인 것은 아니며 10% 미만의 지분으로도 실질적으로 지배하고 있다고 판단하면 종속회사로 봅니다.[2]

이렇게 연결재무제표를 도입한 이유는 첫째, 실질적으로 지배기업이나 피지배기업이 한 기업이므로 연결해 회계를 작성하는 것이 더 합리적이기 때문입니다. 둘째, 지배, 피지배기업 간의 매출, 매입, 채권, 채무 등 내부거래가 제거됨에 따라 왜곡되어 있는 자산, 부채, 매출, 순이익 등을 정확하게 표시해서 정보이용자가 회사 내용을 정확하게 파악할 수 있기 때문입니다.

지배기업소유주지분, 비지배지분

연결재무제표에서 재무상태표는 채권, 채무 등을 상계하고 자산, 부채, 자본은 서로 합쳐서 표기합니다. 이는 지배회사가 종속회사의 모든

---

2 SK그룹의 경우, SK㈜는 SK이노베이션과 SK텔레콤 등 주요 피출자회사의 지분을 33.4%, 26.78%만을 보유하고 있지만 모두 종속기업으로 분류해서 연결재무제표를 작성하고 있다.

자산, 부채를 처리할 권한이 있다고 보기 때문입니다. 이때 보유하고 있지 않은 지분율만큼 따로 비지배지분 항목을 작성해 지배기업소유주귀속항목과 비지배지분귀속항목으로 구별합니다.

연결손익계산서에서도 마찬가지입니다. 상호 매출, 비용을 상계하고 나머지는 합쳐서 표기합니다. 그리고 비지배 지분율만큼 전체 합산액에서 순이익을 빼 비지배지분 순이익을 표기합니다. 총 순이익에서 비지배지분 순이익을 차감하면 이것이 지배기업소유주귀속 순이익입니다.

연결재무제표의 예

연결재무제표 예를 들어보겠습니다. 모회사 A는 자회사 B 지분 50%+1주를 소유하고 있습니다.

│ 별도재무상태표

	母회사A	子회사B
자산총계	5,000	800
부채	1,000	600
자본	4,000	200
부채비율	25%	300%
ROE	15%	50%

│ 별도손익계산서

	母회사A	子회사B
매출액	3,000	1,000
영업이익	600	100
영업외손익	100	20
법인세	100	20
순이익	600	100

▮ 연결재무상태표

	A사	B사로부터 영향	연결재무상태표
자산총계	5,000	+800	5,800
부채총계	1,000	+600	1,600
지배기업소유주지분			4,100
비지배지분			100(=200×50%)
자본총계	4,000	+200	4,200
부채비율(%)	25.0%		38.1%
ROE(%)	15%		15.9%

▮ 연결손익계산서

	A사	B사로부터 영향	연결손익계산서
매출액	3,000	+1000	4,000
영업이익	600	+100	700
영업외손익	100	+20	120
법인세	100	+20	120
연결순이익	600	+100	700
지배기업소유주지분			650
비지배지분			50(=100×50%)

　　모회사 A와 자회사 B의 연결재무제표는 단순 더하기입니다. 서로 계정과목을 더하면 간단합니다. 여기서 중요한 것은 연결재무상태표의 자본 항목과 연결손익계산서의 순이익 항목을 지배기업귀속부문과 비지배귀속부분으로 구분해 표시합니다. 주당 순이익은 지배기업귀속 순이익을 유통주식수로 나눠 계산하고 ROE도 지배기업귀속 순이익을 지배주

주지분으로 나눠서 계산합니다. 즉, 연결순이익 중 지배기업귀속 순이익만 의미 있다고 생각하면 됩니다.

A의 재무비율을 보면 별도재무제표에서는 부채비율이 25%이나 연결재무제표로 하면 38.1%로 올라갑니다. ROE는 15%에서 15.9%로 소폭 개선되나 매출액 대비 수익성 비율은 모두 나빠집니다. 이와 같이 연결재무제표를 작성하면 별도재무제표와 다르게 자산총액, 부채총액, 매출, 순이익 등이 달라지므로 관련 재무비율 및 밸류에이션 지표가 바뀌게 됩니다. 따라서 관계사냐 종속회사냐의 정의는 매우 큰 차이를 나타낼 수 있습니다.

2018년 ㈜효성의 경우, 인적 분할 후 쪼개진 효성티앤씨, 효성화학, 효성첨단소재, 효성중공업의 지분을 50% 초과 보유하고 있지 않기 때문에 관계사로 분류하고 연결재무제표를 작성하지 않았습니다. 이에 따라 연결재무제표상 ㈜효성의 부채비율은 2017년 276.3%에서 139.1%로 낮춰졌습니다. 자회사를 종속회사로 볼 것인가, 관계회사로 볼 것인가에 따라 주요 지표가 달라질 수 있습니다. 따라서 투자하고자 하는 회사에 중요한 자회사가 있다면 별도재무제표와 연결재무제표를 반드시 같이 봐야 합니다.

| SK㈜ 연결재무상태표

연결재무상태표

제 28 기 2018.12.31 현재
제 27 기 2017.12.31 현재
제 26 기 2016.12.31 현재

(단위 : 백만 원)

	제 28 기	제 27 기	제 26 기
자산			
유동자산	37,128,397	35,199,914	32,450,042
현금및현금성자산	6,783,035	7,145,842	7,086,957
단기금융상품	4,218,107	3,540,673	
매출채권	10,844,124	11,538,468	10,398,471
미수금	1,932,335	1,991,725	1,828,941
재고자산	8,992,740	8,178,936	6,018,855
단기투자증권	197,717		
매도가능금융자산		188,603	179,448
기타의유동자산	3,872,992	2,091,550	6,301,260
매각예정자산	287,347	524,117	636,110
비유동자산	82,328,594	74,583,549	70,597,295
장기금융상품	12,549	200,853	
장기매출채권	11,373	12,908	24,188
장기미수금	313,213	337,118	205,584
장기투자증권	2,217,401		
매도가능금융자산		1,596,033	1,527,092
관계기업및공동기업투자	19,218,345	14,629,502	11,559,899
유형자산	39,715,921	41,295,452	41,032,505
투자부동산	503,966	622,846	727,783
영업권	2,379,526	857,514	575,233
무형자산	13,811,199	11,473,859	11,197,157
이연법인세자산	694,690	734,524	711,591
기타의비유동자산	3,450,411	2,822,940	3,036,263

	제 28 기	제 27 기	제 26 기
자산총계	119,456,991	109,783,463	103,047,337
부채			
유동부채	30,007,832	31,368,057	28,716,610
단기차입금	3,426,330	2,999,032	2,614,117
매입채무	9,028,488	9,588,642	8,897,260
미지급금	3,468,375	3,610,570	3,241,765
충당부채	352,225	246,800	420,803
유동성장기부채	5,024,863	6,548,146	5,629,577
기타의유동부채	8,603,819	8,230,998	7,850,072
매각예정부채	103,732	143,869	63,016
비유동부채	38,561,287	32,658,986	32,004,003
사채및장기차입금	28,890,533	23,359,518	23,133,506
장기미지급금	2,011,424	3,746,917	4,601,776
확정급여부채	420,227	257,783	229,378
충당부채	276,937	167,002	104,331
이연법인세부채	5,491,052	3,988,276	3,098,508
기타의비유동부채	1,471,114	1,139,490	836,504
부채총계	68,569,119	64,027,043	60,720,613
자본			
지배기업의 소유주에게 귀속되는 자본	16,627,516	13,660,082	13,112,357
자본금	15,385	15,385	15,385
기타불입자본	4,631,955	4,112,475	4,741,139
이익잉여금	12,217,319	9,837,619	8,368,122
기타자본구성요소	(237,143)	(305,397)	(12,289)
비지배지분	34,260,356	32,096,338	29,214,367
자본총계	50,887,872	45,756,420	42,326,724
자본과부채총계	119,456,991	109,783,463	103,047,337

출처: DART

SK㈜ 연결손익계산서

연결손익계산서

제 28 기 2018.12.31 현재
제 27 기 2017.12.31 현재
제 26 기 2016.12.31 현재

(단위 : 백만 원)

	제 28 기	제 27 기	제 26 기
매출액	101,502,020	90,612,832	80,633,713
매출원가	91,851,225	79,918,869	70,962,284
매출총이익	9,650,795	10,693,963	9,671,429
판매비와관리비	4,962,678	4,948,936	4,365,820
영업이익	4,688,117	5,745,027	5,305,609
금융수익	3,924,240	2,973,220	2,536,979
금융비용	4,554,737	3,284,786	3,350,587
지분법손익	3,665,477	2,485,005	721,758
기타영업외수익	760,123	610,583	662,478
기타영업외비용	954,837	1,085,903	990,880
법인세비용차감전계속영업이익	7,528,383	7,443,146	4,885,357
계속영업법인세비용	1,924,555	2,251,751	1,342,882
계속영업당기순이익	5,603,828	5,191,395	3,542,475
중단영업이익	547,313	(124,913)	(719,991)
당기순이익	6,151,141	5,066,482	2,822,484
지배기업소유주지분순이익	2,253,123	1,677,432	765,580
비지배지분순이익	3,898,018	3,389,050	2,056,904
기타포괄손익	(120,845)	(600,361)	44,839
후속적으로 당기손익으로 재분류되지 않는 항목	(289,300)	26,707	(21,116)
확정급여제도의 재측정요소	(137,019)	26,707	(21,116)
기타포괄손익-공정가치측정 금융자산 평가손익	(152,281)		
후속적으로 당기손익으로 재분류되는 항목	168,455	(627,068)	65,955
매도가능금융자산평가손익		202,311	34,703
지분법자본변동	51,283	(281,370)	(10,985)

	제 28 기	제 27 기	제 26 기
파생상품평가손익	35,134	(10,944)	(37,245)
해외사업환산손익	146,709	(529,240)	73,865
표시통화환산손익	(64,671)	(7,825)	5,617
연결총포괄이익	6,030,296	4,466,121	2,867,323
지배기업소유주지분	2,300,054	1,395,482	766,478
비지배지분	3,730,242	3,070,639	2,100,845
주당이익			
보통주기본주당이익 (단위 : 원)	40,310	30,007	13,676
보통주기본주당계속영업이익(단위 : 원) (단위 : 원)	33,433	30,775	14,705

출처: DART

알아 두면 쓸모 있는
재무비율

재무상태표와 손익계산서 항목을 기초로 기업의 경영 실적을 볼 수 있는 것이 재무비율 분석입니다. 기업의 안정성, 수익성, 성장성, 활동성 등을 비율로 객관화할 수 있어 매우 유용합니다. 비율 분석을 통해 기업 내용을 스코어링(Scoring)할 수 있어 대출 시에는 모든 재무비율이 골고루 이용되나 증권 분석 시에는 수익성, 성장성 분석이 주로 이뤄집니다. 활동성지표는 증권 분석에 거의 사용되지 않아 설명을 생략했습니다. 자산항목과 손익항목을 비교해 재무비율을 구할 때 주의해야 될 점이 있습니다. 자산항목은 전기말과 당기말의 자산 평균을 사용해야 합니다. 재무상태표는 연말 등 일정 시점의 자산을 말해주는 저량(貯量, Stock) 개념이고 손익계산서는 1년간 매출, 비용, 이익의 유량(流量, Flow)

개념이기 때문입니다. 예를 들면, 자기자본이익률은 순이익과 전년말 자기자본, 금년말 자기자본의 평균값을 이용해 구합니다. 많이 사용되는 재무비율 지표는 다음과 같습니다.

▌재무비율 지표

	재무비율	공식×100(%)[1]
안전성	부채비율	부채/자기자본
	유동비율	유동자산/유동부채
	유보율	잉여금/자본금
	이자보상비율	영업이익/금융비용
수익성	매출총이익률	매출총이익/매출액
	매출영업이익률	영업이익/매출액
	매출순이익률	순이익/매출액
	총자산이익률	순이익/총자산평잔
	자기자본이익률	순이익/자기자본평잔
성장성	매출액증가율	당기매출액/전기매출액
	영업이익증가율	당기영업이익/전기영업이익
	총자산증가율	당기총자산/전기총자산
활동성	매출채권회전율	매출채권평잔/매출액
	총자산회전율	총자산평잔/매출액

---

1 모든 비율은×100(%)이나 공식들에서×100은 생략한다. 성장성 비율은 공식에 −100을 해줘야 한다.

안정성 지표

(1) 부채비율

> 부채비율 = 부채/자기자본 (%)

자기자본과 비교해 부채가 얼마나 많은지 보여줌으로써 기업의 재무 안정성을 나타냅니다. 극소수 기업이 무차입 경영을 하는 경우도 있으나, 보통 기업을 경영하면 어느 정도의 차입금, 외상매입금, 미지급금 등 부채가 발생합니다. 100% 이하가 이상적이나 보통 200%가 넘지 않으면 안정적이라고 합니다. 그러나 업종에 따라 차이가 있으므로 획일적으로 운영하는 것보다는 업종 평균과 비교하는 것이 좋습니다.

(2) 유동비율

> 유동비율 = 유동자산/유동부채 (%)

1년 안에 현금화할 수 있는 자산과 1년 안에 갚아야 하는 부채를 비교해 단기부채의 대응력을 판단하는 지표입니다. 보통 100% 이상을 이상적으로 봅니다. 100%가 넘더라도 유동자산 중 현금, 예금보다 재고자산이 많다면 그리 좋은 상황은 아닙니다. 그래서 유동자산에서 재고자산을 제외한 당좌자산과 유동부채를 비교한 당좌비율을 보조지표로 사용하기도 합니다.

(3) 유보율

> 유보율 = (자본잉여금 + 이익잉여금)/자본금 (%)

유보율은 자본잉여금과 이익잉여금의 합이 자본금 대비 얼마나 많은지 보여주는 지표입니다. 일반적으로 유보율이 높으면 내부에 보유한 자산이 많다고 할 수 있습니다. 하지만 사내에 보유현금이 많다는 해석은 아닙니다. 내부로 유보된 이익이 꼭 현금, 예금 형태로 보유되지 않고 기계, 부동산 등 다양한 자산 항목으로 보유되기 때문입니다. 또한 순이익이 많이 발생해도 배당성향이 낮다면 유보율이 높을 수 있습니다. 유보율과 함께 배당성향, 보유현금 등을 같이 비교하는 것이 좋습니다.

(4) 이자보상비율

> 이자보상비율 = 영업이익/금융비용 (%)

기업이 영업이익으로 이자를 갚을 수 있는지 보여줍니다. 이자보상비율이 1이라는 것은 기업이 영업활동으로 번 돈을 모두 이자 갚는 데 사용한다는 의미입니다. 이자보상비율은 적어도 1.5배 이상이 되어야 정상입니다. 시중 금리가 올라가면 영업이익이 매년 같더라도 금리 상승으로 이자보상비율이 낮아집니다. 따라서 금리 상승 시기에는 부채 의존도가 높은 기업의 이자보상비율을 주의 깊게 살펴야 합니다.

아시아나항공 주요 안정성 비율

(단위:%)

	2016년	2017년	2018년
유동비율	36.6	33.5	44.9
부채비율	689.9	565.9	649.3
유보율	–	11.7	–

재무상황 악화로 대주주의 매각이 결정된 아시아나항공의 주요 안정성 비율입니다. 재무상황이 비율에 잘 나타나 있습니다. 만약 단일 기업이었더라면 이미 오래 전에 한계기업으로 분류됐을 것입니다.

수익성 지표

(1) 매출총이익률

매출총이익률 = 매출총이익/매출액 (%)

매출총이익은 매출에서 비용항목인 매출원가를 차감하면 구할 수 있습니다. 매출원가는 '기초재고 + 당기 제조원가 − 기말재고'로 구합니다. 여기서 당기 제조원가를 구성하는 주요 항목에는 노무비, 재료비, 경비 등이 있습니다. 여기서 노무비는 생산에 참여하는 공장 근로자의 급여입니다. 평균 노무비는 매년 상승하고 공장 자동화를 하더라도 절감에 한계가 있습니다. 재료비는 수급, 원자재 추이에 따라 변동이 큽니다. 따라서 재료비 변동 요인을 파악하는 것이 중요합니다. 경비에 가장 큰 항목은 감가상각비입니다. 새로이 대규모 시설투자를 한 기업들은 감가상각비 부담으로 매출총이익률이 하락하는 경우가 많습니다. 반대로 감가상각이 마무리되면 오히려 이익률은 개선됩니다.

수익성은 매출과 매출원가부터 분석해야 합니다. 매출총이익이 크게 개선되면 밑단의 영업이익, 순이익도 크게 개선됩니다. 따라서 영업이익률, 순이익률은 매출과 매출원가에 의해서 결정됩니다. 그럼에도 불구하고 일반투자자들은 매출총이익률에 관심이 적습니다.

한편, 노무비, 재료비, 경비 등 비용 항목은 기업마다 영향을 미치는 정도가 다릅니다. 철강, 화학 등은 재료비 비중이 크고, 반도체 산업은 지속적 투자로 경비 비중이 큽니다. 이와 같이 산업, 기업별로 미치는 영향이 다르기 때문에 유의해야 합니다.

(2) 영업이익률

영업이익률 = 영업이익 / 매출액(%)

영업이익은 매출총이익에서 판매비와 관리비 항목을 차감하면 구해집니다. 그럼 판매비와 관리비 항목에는 어떤 항목들이 구체적으로 포함되는지 알아보겠습니다. 매출원가의 비용은 인건비, 재료비, 기타경비를 말하고, 판매비와 관리비는 본사와 다른 오피스에서 근무하는 사람들이 쓰는 비용이라고 생각하면 됩니다.

세부항목 중 일반적으로 가장 큰 비중을 차지하는 것은 사무직의 인건비, 광고 마케팅비 그리고 본사 건물, 집기 등의 감가상각비입니다.

사람들은 순이익보다 영업이익에 관심이 많습니다. 영업이익이 생산, 판매, 관리, 마케팅 등 기업이 영위하고 있는 영업활동 본질을 잘 나타내기도 하고 일회성 수익 또는 비용 때문에 순이익이 일시적으로 왜곡되기 때문입니다.

영업이익률은 개선시키기 쉽지 않습니다. 적어도 3년 이상 영업이익률을 살펴보고 큰 변동이 있다면 그것이 매출 요인인지, 매출원가 요인인지, 판매비와 관리비 요인인지 이 3가지를 분석해야 합니다.

영업이익률이 크게 개선된 기업은 영업 본업에서 경쟁력을 확보하고 있는 것이기 때문에 주가에 긍정적인 영향을 미칩니다. 따라서 가까운 분기나 다음 해의 영업이익률을 정확히 예측할 수만 있다면 투자 성공률을 높일 수 있습니다.

| 광동제약 영업이익률 감소 사례

(단위:억 원)

	2015년	2016년	2017년	2018년
매출액	9,555	10,564	11,416	11,802
영업이익	509	444	357	339
영업이익률	5.3%	4.2%	3.1%	2.9%

삼다수, 비타500 등으로 유명한 광동제약 영업이익률은 2014년 9.7%에 달했으나 지속적으로 하락해 2018년 2%대로 추락했습니다. 매출은 매년 조금씩 증가하고 있지만 실속 없는 장사를 하고 있다는 증거입니다.

(3) 당기순이익률

당기순이익률 = 당기순이익 / 매출액 (%)

당기순이익은 영업이익에서 영업외수익과 비용을 더하거나 빼고 법인세 등을 빼면 나옵니다. 영업외수익과 비용은 대부분 재무활동에서 발생하는 수익과 비용입니다. 즉, 이자, 유형자산처분손익, 유가증권매매손익, 외환차익(차손) 등의 항목이 있습니다. 이러한 비용 항목은 기업의 영업활동과는 무관합니다. 그리고 기업의 대부분은 부채를 통해 영업자금을 조달하기 때문에 금융이자가 필연적으로 발생합니다. 이 금액이 커지면 순이익에 많은 영향을 주기도 합니다.

한편, 부동산을 매각하거나 유가증권을 처분하는 경우도 순이익에 영향을 미칩니다. 그러나 이는 보통 매년 발생하지 않습니다. 수치만 봤을 때 경영활동의 실적으로 오인할 수도 있습니다. 2015년 한국전력은 사옥 부지를 현대자동차에 팔아 부동산 처분이익으로 10조 원 이상을 벌었습니다. 수치만 보면 실적이 왜곡될 수 있습니다. 따라서 순이익률은 영업이익률의 보조지표로 활용되는 경우가 많습니다.

성장성 지표

(1) 매출액증가율

자산, 이익, 매출 관련 성장성 지표 중 증권 분석에서 가장 유용한 것은 매출액증가율입니다. 기업의 라이프사이클을 보면 도입기, 성장기, 성숙기, 쇠퇴기를 거칩니다. 기업에 따라 이 사이클이 오랫동안 유지되기도 하고 금방 사라지기도 합니다. 스타트업과 같이 도입기의 기업들은 매출액증가율이 산업 평균을 훨씬 상회합니다. 그러나 보통 성숙기나 쇠퇴기의 기업들은 매출이 정체하죠. 이런 기업들 중 신사업, 기술혁신 등으로 재도약하는 경우가 가끔 발생합니다. 전기배터리 사업 매출이 증가하고 손익분기점을 넘기면서 본격적으로 이익 기여를 하기 시작한 LG화학이 좋은 예입니다. 만약 LG화학이 단순 화학 업체였다면 지금보다 낮은 밸류에이션을 받았을 것입니다.

| LG화학 매출액증가율과 PBR밴드 추이

(단위:%)

	2014	2015	2016	2017	2018	2019(E)
매출증가율	-2.4	-10.5	2.2	24.4	9.7	11.7

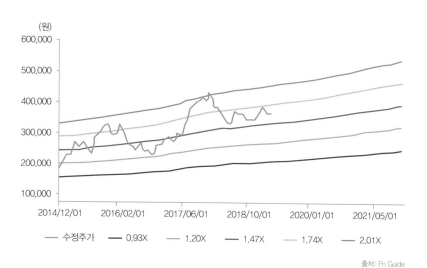

출처: Fn Guide

(2) 영업이익, 순이익증가율

매출이 증가하거나 감소하면 이에 따라 영업이익, 순이익도 증가하거나 감소합니다. 반면, 매출액증가율과 확연히 다르게 이익증가율이 변동한다면 그 원인을 비용 측면에서 살펴봐야 합니다. 즉, 매출원가, 판관비, 금융수지 등에 변동 요인이 있는 것입니다. 예를 들어, 매출이 매년 10%씩 성장하는데 이익증가는 10%를 밑돈다면 이는 제품의 원가부담으로 부가가치가 떨어진다거나 인건비의 부담이 커지고 있다는 증거입니다. 거꾸로 매출증가율보다 이익증가율이 상회한다면 기업의 수익성이 크게 좋아지고 있다는 증거입니다.

사업의 성패
ROE에 달려있다

ROE의 의미

ROE(자기자본이익률)는 기업가치를 측정하는 지표가 아닙니다. 자기자본과 순이익을 비교하는 수익성 지표 중 하나입니다. 그러나 ROE는 PBR과 밀접한 관계가 있고 기업 평가에 많이 사용되는 아주 중요한 비율입니다. ROE란 기업이 투입한 자기자본을 이용해 1년에 얼마의 이익을 냈는지 나타내는 지표입니다. 여기서 자기자본이란 기업의 총자산에서 타인자본 즉, 부채를 뺀 나머지며 주주의 자본입니다.

> ROE(%) = 당기순이익/자기자본평잔×100

그렇다면 ROE는 어느 정도 수준이 돼야 할까요? ROE는 최소 시중금리보다는 높아야 합니다. 만약 ROE가 시중금리보다 낮다면 사업할 이유가 없고 자본을 금융자산에 투자하는 것이 낫습니다. 즉, ROE는 자본을 이용해 사업을 할 것이냐 금융자산에 투자할 것이냐 결정하는 기준이 됩니다. 업종마다 요구되는 ROE의 기대수준이 다르며 그 수준은 업종별 요구수익률과 유사합니다. 워런 버핏은 ROE가 최소 15%를 넘는 기업에만 투자했습니다. 많은 투자자들이 ROE를 중요한 투자 지표 중 하나로 여기고 있습니다. ROE가 중요한 이유는 다음과 같습니다.

첫째, ROE에는 기업 경영의 많은 내용이 담겨 있습니다. 듀퐁방정식[1]에 의하면 ROE는 다음과 같이 구할 수 있습니다.

ROE(%) = 순이익/자기자본 × 100

= (순이익/매출액) × (매출액/총자산) × (총자산/자기자본) × 100

즉, ROE는 수익성, 자산회전율, 자본구조 내용 등을 나타낸 것입니다. 수익성을 통해 업황을 알 수 있고 자산회전율을 통해 효율성을 확인할 수 있으며 레버리지 즉, 부채를 얼마나 활용했는가 등을 파악할 수 있습니다.

둘째, ROE는 꾸준히 유지되거나 높이기 매우 어렵습니다.

기업이 흑자를 유지하고 순이익을 모두 배당에 사용하지 않는다면 자기자본은 매년 커져야 합니다. 기업의 순이익이 전년과 같거나 순이익이 소폭 증가하면 ROE는 떨어집니다. 사업을 시작한 지 얼마 안 된 기

---

1 미국 화학회사인 듀퐁(DuPont)에서 경영성과를 분석하는 방법으로 개발했다.

업은 ROE가 높습니다. 사업 초기에는 순이익이 급증하는 경우가 많습니다. 반면, 자기자본이 비대한 대기업은 현재 ROE만 유지해도 훌륭합니다. 2017년 삼성전자 ROE가 전년 대비 무려 8%p 이상 개선됐는데 이는 삼성전자의 규모를 감안할 때 놀라운 결과입니다. 이렇게 ROE가 개선되는 기업은 주가가 크게 상승합니다.

금융업은 돈을 조달해서 운용하는 산업으로 ROE가 특히 중요합니다. 운용자산을 조달하려면 자본금을 늘리든지 아니면 부채를 일으켜야 하는데 부채의 조달은 무한정 할 수 없고 자기자본의 규모에 따라 제약을 받습니다. 따라서 자기자본 규모와 자기자본증가율이 매우 중요합니다. 그리고 시중금리 대비 얼마나 벌고 있는지 평가해 경쟁력을 정확히 분석할 수 있습니다. ROE를 개선시키는 것은 어렵기 때문에 꾸준히 ROE가 개선되는 기업을 찾는다면 그 기업의 주가는 매우 큰 폭으로 상승할 것입니다.

셋째, PBR와 ROE는 불가분의 관계입니다.

기업의 PBR 수준은 항상 일정하지 않고 ROE에 의해 달라집니다. ROE가 개선되면 주가가 상승하고 PBR이 높아집니다. 거꾸로 ROE가 하락하면 PBR은 하락합니다. ROE 수준에 따라 주가가 재평가됩니다.

ROE가 높아지는 기업을 찾아라

매년 순이익이 크게 증가하면 ROE도 따라 개선됩니다. 그러나 배당성향이 낮다면 분모인 자기자본이 계속 커져 ROE를 유지할 수 없게 됩니다. 따라서 일정한 ROE를 유지하거나 개선시키기 위해서는 배당성향을 높여 자본효율성을 유지해야 합니다.[2] 배당성향이 높은 기업은 보통 ROE도 매우 높습니다. 또 자사주 매입 후 소각도 ROE를 높이는 방법이 될 수 있습니다. 자본금 감소는 결국 자기자본 감소로 이어지기 때문입니다. 그러나 이는 내부 유보금이 많은 기업을 제외하고는 사용하기 어려운 방법입니다.

단순히 ROE가 높은 기업보다는 ROE가 안정적으로 유지되거나 꾸준히 개선되는 기업을 찾아야 합니다. ROE가 높다는 것은 이미 기업의 자본 효율성과 주가가 정점에 도달했을 가능성이 크고 ROE가 꾸준히 개선되는 기업은 주가가 큰 폭으로 상승할 가능성이 매우 큽니다.

한편 ROE가 회사의 자본 효율성을 왜곡하기도 합니다. 부채가 많고 자기자본이 적은 부실기업인 경우, 일시적으로 순이익이 늘어났다면 ROE가 크게 개선된 것처럼 보입니다. 그러나 총자산이익률(ROA)로 보면 큰 변화가 없어 보일 수도 있습니다. 부실기업의 경우, 꼭 ROE와 ROA를 함께 보고 분석해야 합니다.

참고로 포스코케미칼의 ROE는 2015년 6.7%, 2016년 8.0%, 2017년

---

2 내부자금을 배당이나 자사주 소각 자금으로 활용하는 것과 사업 재투자자금으로 사용하는 것 중 어느 것이 기업가치를 상승시킬 수 있는지에 대해 논란의 여지는 있다.

📊 포스코케미칼 주봉

17.2%, 2018년 19.0%로 꾸준히 증가했습니다. 주가는 그 사이 약 8배 급등했습니다.

PART III

기업가치
분석

우리는 돈을 지불할 때 늘 가치에 대해 생각합니다. 제대로 지불한 것인지 비싸게 준 것인지 늘 궁금해합니다. 기업의 수익가치나 자산가치도 가격으로 나타낼 수 있습니다. 기업 가치가 고평가됐는지 저평가됐는지 알고자 하는 것이 바로 기업가치평가입니다. 영어로는 Valuation이라고 하는데 가치(Value)를 평가하다(Evaluation)라는 뜻입니다.

기업가치를 분석하는 방법에는 상대적 가치 분석과 절대적 가치 분석이 있습니다. 상대적 가치 분석은 주가를 통해 기업이 가진 수익가치나 자산가치 등을 다른 기업과 비교하는 것입니다. 상대가치 평가방법에는 PER, PBR, PSR, PCR, EV/EBITDA 등이 있습니다. 절대적 가치 분석은 기업 본연의 가치를 분석하는 것입니다. 보통 기업의 미래 현금흐름을 현재가치로 할인해 구합니다. 절대가치 분석방법에는 DCF, DDM, EVA, RIM등이 있습니다. 두 방법 모두 완벽하지 않고 약점이 존재합니다. 그럼에도 불구하고 실제 시장에서는 상대적 가치 분석 방법이 많이 사용됩니다. 편의성과 신뢰성에서 조금 더 우위를 차지하기 때문입니다. 가장 많이 사용되는 PER과 PBR만 잘 알아도 충분합니다. 이번 파트에서는 EV/EBITDA, RIM 등도 함께 소개합니다.

PER이
많이 쓰이는 이유

주식투자에 조금이라도 관심 있는 사람이라면 PER에 대해 많이 들어봤을 것입니다. 밸류에이션 지표 중 이해하기도 편하고 유용성도 높아 가장 많이 사용됩니다. PER은 'Price Earnings Ratio'의 약어로 주가수익비율이라고 합니다. PER은 주가(P)를 주당순이익(EPS=순이익/주식수)로 나눠서 구합니다. 즉, 주가가 주당순이익의 몇 배가 되는지 구해서 주당순이익 대비 비율이 적정한지 판단합니다.

PER = P/EPS = 주가/(순이익/주식수) = 시가총액/순이익

누가 처음 PER 지표를 만들었는지 알려진 바는 없습니다. 다만 벤저민 그레이엄이 본격적으로 사용하면서 널리 퍼졌습니다. 그의 수제자인 워

런 버핏을 비롯한 주식투자의 대가들도 PER을 아주 중요하게 여깁니다.

이렇게 많이 사용하는 PER에 담긴 의미를 잘 모르는 사람들이 의외로 많습니다. PER에는 우리가 일반적으로 아는 것보다 훨씬 심오한 의미가 감춰져 있습니다. 1주당 주가와 순이익 비율인 PER은 '주식투자금을 회수하는 데 어느 정도의 기간이 소요되는가' 하는 현금흐름의 개념입니다. 어떤 주식의 PER이 10배라고 하면 이 주식에 투자했을 경우 10년 후 자금을 회수할 수 있다는 것이지요. 아마 고개를 갸우뚱하는 분도 있을 텐데 이해를 돕기 위해서 PER 공식을 변형해보겠습니다. PER은 주가를 EPS(순이익/주식수)로 나눈 것입니다. 우리가 초등학교 때 배운 외항/내항을 이용해 이 식을 변형하면 주가×주식수를 순이익으로 나눈 것이 되고, 결국 주가×주식수는 시가총액이므로 시가총액을 순이익으로 나눈 것이 PER이 됩니다. 예를 들면, 시가총액이 100억 원, 매년 순이익이 10억 원 날 것으로 예상되는 A 기업이 있다고 가정해보겠습니다. 당연 PER은 10배입니다. A 기업을 주식시장에서 인수한다면 100억 원이 들고 순이익이 매년 10억 원씩 발생하니 투자금액을 회수하는 데 10년이 걸립니다.

만약 매년 순이익이 20억 원씩 난다면 회수하는 데 5년밖에 걸리지 않고 주가가 인수 때와 동일하다면 이 기업의 PER은 5배가 됩니다. 주가가 오르고 매수 시 PER이 10배가 되면 이 기업의 시가총액은 200억 원이 됩니다. 기업의 수익성이 부각돼 오히려 PER은 10배를 상회할 가능성이 큽니다. 주가수익비율이니 PER을 몇 배 이렇게 표현하는 것이 당연하지만 실제 내용을 감안하면 PER '몇 년'으로 표현하는 게 이해하는데 더 도움 될 듯 합니다. 한편, 증권사의 조회 화면에서 투자 시점의 시가총액을 알 수 있어서 따로 EPS를 계산할 필요 없이 시가총액/예상순이익으로 PER을 쉽게 계산할 수 있습니다.

그런데 투자자 입장에서는 회수기간이 이해되지 않을 수 있습니다. 왜냐하면 기업을 인수하는 입장과 투자하는 입장은 다르기 때문입니다. 인수자 입장에서는 모든 지분을 인수한 후 기업의 순이익을 100% 배당하면 회수기간의 의미가 맞습니다. 그러나 투자자 입장은 다릅니다. 기업의 배당성향이 100%에 이르는 경우도 없고 우리나라는 2017년 말 기준 약 18% 수준이므로 회수기간과는 현실적으로 거리가 있습니다. 또한 주가가 하락해도 주식 매각으로 일정 부분 회수가 가능합니다. 그러나 배당을 많이 할수록 회수기간이 짧아지므로 근본적인 PER 의미는 내포돼 있다고 할 수 있습니다.

한편 PER에는 또 다른 중요한 의미가 함축돼 있습니다. 주가를 설명하는 고든의 배당성장모델을 통해 살펴보겠습니다.

$$주가(P) = D(배당금)/R - g \ (R=요구수익률, \ g=성장률)$$

이식에서 양변을 EPS로 나누면 다음과 같습니다.

$$PER(P/EPS) = (D/EPS)/R - g = 배당성향/R - g$$

PER은 배당성향이 높거나 성장률이 높으면 당연히 높아집니다. 삼성전자에서 배당성향을 높인다고 했을 때 주가가 상승한 이유가 여기에 있습니다. 앞서 살펴봤듯이 PER 안에는 수익성, 성장성, 배당의 개념 등이 내포돼 있습니다. 이해하기 쉽고, 사용이 편하며 많은 의미가 함축돼 있기 때문에 PER이 밸류에이션 지표로 가장 많이 사용됩니다.

PER의 활용

PER은 일반적으로 낮아지면 좋고 높아지면 나쁘다는 것으로 알고 있습니다. 그러나 기업의 업종, 크기, 성숙도 등 여러 변수에 따라 다릅니다. 일반적 PER은 다음 3가지 방법이 많이 사용되고 있습니다.

① 동업종 평균 PER 비교

② 경쟁 기업간 PER 비교

③ 과거 PER 밴드를 활용하여 현수준 파악

①의 경우, 동업종 평균과 비교해 관심기업의 PER 수준을 알아보고 적정 여부를 판단하는 것입니다. 증권사 홈페이지에 동업종 평균 PER이 있어 이를 참조하면 됩니다. 하지만 동업종 평균 PER보다 높으면 고평가 혹은 낮으면 저평가 이렇게 기계적으로 해석하기에는 무리가 있습니다.

②는 비교할 기업의 PER과 경쟁기업의 PER을 비교하는 것입니다. 이는 ①을 보완한 방법입니다. 동업종에서도 1등 기업에는 프리미엄이 형성되어 평균보다 PER을 높게 주고 경쟁력이 낮은 기업은 PER을 낮게 주는 것이 일반적입니다. 한편 삼성전자나 POSCO와 같이 글로벌 기업 같은 경우, 동업종 평균 PER을 구하는 것이 불가능하고 국내에는 경쟁업

체도 거의 없습니다. 이때는 글로벌 경쟁 기업들과 비교하는 것도 방법이 될 수 있습니다.

③은 개별기업의 과거 PER 흐름인 PER 밴드를 이용하는 것입니다. 개별 기업들은 특별한 경우를 제외하고는 대부분 일정한 밴드 범위에서 움직입니다. 이는 코스피시장도 마찬가지여서 최근 몇 년간 코스피는 PER 밴드 8~12배 사이에서 움직였습니다. 큰 변화가 없다면 당분간 이 밴드를 유지할 것으로 보입니다. 이 방법을 이용하면 매수 시점과 매도 시점을 대략적으로 정할 수 있습니다. 가장 큰 단점은 일정 밴드를 상향 돌파하거나 하향 돌파할 때 맹목적으로 밴드 플레이를 한다면 큰 낭패를 본다는 것입니다. 주식이 특정 밴드에서만 움직인다면 기업을 분석할 필요도 없을 것입니다. 대부분 기업은 일정 밴드에서 움직이다 가치가 변함에 따라 밴드를 벗어납니다.

3가지 방법 모두 한계를 가지고 있습니다. 이를 보완하기 위해서는 다른 지표도 함께 사용하고 정성적 분석방법을 병행해야 합니다.

한편 대가들은 PER을 어떻게 활용했을까요? 벤저민 그레이엄은 PER이 낮은(동업계 평균의 1/2 이하) 기업에 집중 투자해 큰돈을 번 것으로 알려져 있습니다. 당시는 PER 개념이 크게 알려지지 않았고, 벤저민 그레이엄은 남보다 PER 유용성을 일찍 깨달았던 것이죠. 또 다른 대가인 존 네프는 PER을 '이익성장률+배당수익률과 비교해 큰 성공을 거뒀습니다. (이익성장률+배당수익률)/PER으로 나오는 값을 네프 상수라고 부릅니다.

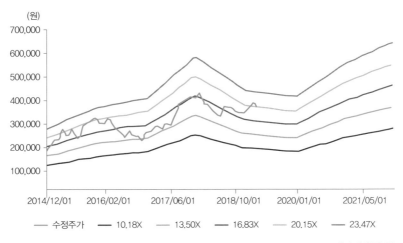

LG화학 PER밴드

(원)

수정주가	10.18X
13.50X	16.83X
20.15X	23.47X

출처: 삼성증권 HTS

피터 린치는 PEG(Price/Earnings to Growth Ratio)라는 지표를 개발했습니다. PER을 EPS성장율과 비교해 'PER/EPS성장률 =1'이면 적정가치를 나타낸다고 봤습니다. 즉, PER을 10배 주려면 EPS성장률도 최소 10%가 넘어야 한다는 것이죠. 그는 PEG가 1 이하인 기업 중에서 투자 기업을 선정했습니다. 보통 0.5가 넘지 않는 기업 중에 종목을 발굴했다고 합니다. 사실 이 개념은 네프 상수의 역수와 개념이 비슷합니다.

적자 기업, 초창기 기업의 경우 PER이 유용하지 않습니다. 일회성 이익(혹은 손실)이 발생해 PER이 왜곡되기도 합니다. 또한 주도주는 일시적으로 평균 PER을 크게 상회하기도 합니다. 이런 단점에도 불구하고 PER이 갖는 장점이 많기 때문에 밸류에이션 지표로 가장 많이 사용됩니다.

고든의 배당평가모델

배당평가모델에서는 주식을 보유하면서 발생하는 배당흐름으로 주가를 평가합니다. 주식을 계속 보유한다면 배당금이 계속 지급됩니다. 배당금을 가치화해서 할인해주면 바로 주가가 됩니다. 이 이론을 처음 발표한 토론토대학 마이런 고든(Myron Gordon) 교수의 이름을 따 고든의 배당평가모델로 불리고 있습니다.

그런데 이 모델은 많은 한계를 가지고 있습니다. 현실에서는 배당금 지급도 일정하지 않고 기업의 가치가 배당뿐 아니라 수익, 성장성 등 많은 요인에 의해 결정되기 때문입니다. 그럼에도 불구하고 배당의 중요성은 계속 증가하고, 실제로 기업들의 배당성향이 높아지고 있기 때문에 주식 가치를 평가할 때 의미 있는 모델로 평가받고 있습니다.

고든 모델은 매년 똑같은 금액을 배당한다는 영구배당평가모델과 기업이 성장하는 만큼 배당을 가정하는 일정성장모델이 있습니다.

영구배당평가모델

기업이 성장하지 않고 항상 현상 유지만 한다고 가정해봅시다. 이 경우, 배당은 일정하게 지급되어 $D_1=D_2=D_3=\cdots D_n=D$가 됩니다. 이 모형에서 이론적 주가는 일정 이자를 무한 지급하는 영구채와 같은 개념입니

다. 즉, 이 주식의 가치는 일정한 배당을 할인율로 나눠서 구합니다.

예를 들어, 우리가 A 기업 주식을 1주 가지고 있다고 가정합니다. A 기업은 매년 1,000원씩 배당을 합니다. 이 주식을 연초에 투자해서 영구적으로 가진다고 가정하고 이 주식의 가치를 구해보겠습니다.

$$1년도: 1,000원/(1+할인율)^1$$

$$2년도: 1,000원/(1+할인율)^2$$

$$3년도: 1,000원/(1+할인율)^3$$

...

이 흐름을 다 합치면 해당 주식의 가치가 됩니다. 그런데 분자(배당금)는 계속 동일한데 분모에 해당하는 (1+할인율)은 복리 개념으로 계속 증가합니다. 때문에 실제 배당금의 현재가치는 계속 줄어듭니다. 결국 현재 시점에서 고등학교에서 배운 무한등비급수 공식을 이용하면 '1,000원/할인율'이 되고 이를 정리하면, 배당금(D)/할인율(R)이 됩니다.

이제 '현금흐름을 어떻게 할인해줄 것이냐'가 문제입니다. 할인율은 정해져 있지 않습니다. 어떻게 할인율을 잡느냐에 따라 주식가치가 낮아지기도 하고(높은 할인율 적용), 반대로 주식가치가 상승(낮은 할인율 적용)하기도 합니다.

할인율을 적용하는 데 있어 중요한 것은 투자자들의 요구 수익률이라고 할 수 있습니다. 할인율에 대해 정해진 규칙은 없지만 보통은 할인율을 정할 때 국고채 수익률, ROE 등을 참고합니다. 앞서 말한 예에서 만

약 할인율을 5%라 가정하면 A 기업의 주가는 2만 원이 됩니다.

일정성장모델

기업이 일정하게 성장하고 그에 따라 배당도 일정하게 성장한다고 가정합시다. 이 모델은 성숙기에 접어든 기업의 주가 설명에 적합하며 배당이 전기보다 g% 만큼 성장한다고 가정하면 다음과 같습니다.

A 기업이 매년 g% 만큼 성장, 배당금(D) 역시 그에 맞춰 g%씩 증가하고 할인율(요구수익률)은 r이라고 가정합니다.

$$1년도: \ D(1+g)^1/(1+r)^1$$
$$2년도: \ D(1+g)^2/(1+r)^2$$
$$3년도: \ D(1+g)^3/(1+r)^3$$

이 흐름을 다 합치면 해당 주식의 가치가 됩니다. 무한등비급수 공식으로 정리하면 이 주식의 가치는 '$D(1+g)/r - g$'가 됩니다.

다시 정리하면 $D(1+g)$는 다음 기의 배당이므로 D_1로 표시할 수 있고 '$P=D_1/r-g$'입니다. 배당을 많이 하고 성장률이 높으면 주가는 높아진다는 것을 알 수 있습니다. 즉, 주가는 결국 배당과 성장률의 함수입니다. 한편 양변을 EPS(주당순이익)로 나누어주면

$P/EPS = D_1/EPS/r-g \ \Rightarrow \ PER = 배당성향/r-g$

즉, PER를 높게 주려면 배당성향이 높거나 성장률이 높아야 합니다.

약세장에서
더 부각되는 PBR

기업의 자산가치로 주가를 평가하는 주가순자산비율(PBR)에 대해 알아보겠습니다. PBR은 주가(P)를 주당순자산(BPS)으로 나눠 구합니다. 즉, 주가가 순자산의 몇 배로 거래되고 있는지를 보고 주가의 적정 여부를 판단합니다.

P/BPS 공식을 변형하면 주가×주식수/순자산이 됩니다. 이는 시가총액/순자산으로 변형할 수 있는데 순자산은 총자산에서 부채를 뺀 개념으로 자기자본과 같은 의미입니다. PBR은 특정 기업의 자산가치를 시장에서 어떻게 인정해주느냐를 보는 지표라 할 수 있습니다.

> PBR = P/BPS = 시가총액/순자산 = 시가총액/자기자본

순자산은 자산에서 부채를 뺀 개념이므로 기업이 회사를 청산하면 남는 가치라 할 수 있습니다. 청산하면 남는 순자산을 지분대로 투자자들이 회수하게 됩니다. 따라서 회사의 시가총액은 당연히 회사의 청산가치와 같으므로 PBR은 1이 되어야 합니다. 이런 측면에서 PBR>1이면 고평가, PBR = 1이면 적정, PBR<1이면 저평가라고 해석할 수 있습니다.

그런데 이렇게 PBR을 기계적으로 해석하기에는 다소 무리가 있습니다. 그 이유는 크게 2가지입니다.

첫째, 장부가로 표시된 기업의 자산가치는 측정이 정확히 안 됩니다. 보유하고 있는 건물, 토지, 기계, 투자회사의 가치 등이 장부가 대비 과대평가될 수도 있고 과소평가될 수도 있습니다. 기업의 영업 프리미엄 등 무형가치는 장부가에 반영되지 못하고, 반대로 기업의 상황이 나빠져 급하게 청산할 경우 제값을 못 받고 처분할 가능성도 있습니다.

둘째, 기업의 ROE에 따라 PBR이 크게 달라집니다. 즉, ROE의 개선이 예상되는 기업은 자기자본이 크게 증가할 것으로 보고 현재 가치보다 프리미엄을 주게 됩니다. 이때 보통 기업의 PBR은 1보다 큽니다. 반대로 ROE가 떨어질 것으로 예상되는 기업은 자기자본의 가치가 감소할 것으로 예상되기 때문에 PBR이 1보다 낮습니다.

이와 같이 PBR과 ROE는 불가분의 관계입니다. 기업의 라이프사이클을 살펴보면 보통 초창기에 수익이 나기 시작하면 ROE가 증가하고 이때 보통 PBR은 1보다 커집니다. 기업의 수익성이 점점 좋아져 ROE가 높아지면 PBR은 최고치를 기록하고 성장성이 둔화되는 성숙기에 접어

들면 ROE가 둔화돼 PBR이 다시 낮아지고 쇠퇴기에 접어들면 ROE가 본격 하락해 PBR이 1보다 낮아집니다. 이런 의미에서 PBR은 'ROE가 몇 %인 회사를 순자산의 몇 배에 살 것인가'라고 표현할 수 있습니다.

PBR은 기업의 과거 데이터를 사용하고 있고 무형자산가치나 기업의 미래 자산가치를 반영하지 못하는 단점이 있습니다. 그렇지만 벤저민 그레이엄, 워런 버핏 등 대가들은 기업의 자산가치를 안전마진(Margin of Safety)[1] 개념에 대입해 활용했습니다. 기업의 재무상태표를 자세히 분석하면 제값에 처분하지 못하는 경우를 가정해도 주가가 이 밑으로는 떨어지지 않을 것이라고 판단되는 기업의 순자산가치를 추측할 수 있습니다. PBR은 이와 같이 안전마진에 입각해 가치투자를 할 경우에도 유용하게 이용할 수 있는 중요한 지표입니다.

PBR의 활용

PBR은 자산가치를 통해 기업의 적정가치를 알아보기 때문에 기업의 성장성 및 수익성이 제대로 반영되지 않습니다. 그렇지만 PBR은 약세장으로 전환됐을 때 주가의 저점을 추정하거나, 성장성이 둔화된 자산주, 변동성이 크고 자산 효율성이 강조되는 금융주 그리고 경기에 따라 성과가 크게 변동하는 경기 관련주 등의 가치 분석에 매우 유용합니다.

---

1 벤저민 그레이엄이 처음 도입한 개념으로 투자 시 투자원금의 손실 가능성을 최소화하기 위한 마진, 즉 현재의 주가가 내재가치보다 훨씬 싸기 때문에 주가가 하방 경직성을 가지고 있어서 시간이 지남에 따라 가치에 수렴한다는 믿음이 있으면 매수할 때 어느 정도 안전과 이익을 확보할 수 있다는 의미다.

한국시장의 PBR은 2002년 이후 평균 PBR 1.1배로 보통 1배를 조금 상회하는 수준을 유지하고 있습니다. 주가가 하락한 2018년 말에는 1.0을 하회하기도 했습니다. 다음 그래프에서 보는 바와 같이 한국시장 PBR은 시장이 1,000pt선에서 2,000pt선으로 급등한 2006년에는 1.4배까지 상승했고, 반대로 2008년과 2016년 그리고 2018년 0.9배까지 내려간 경우 등을 제외하고는 대부분 1.0~1.2배 사이에서 움직였습니다. 이를 감안하면 PBR이 1을 하회했을 때가 매수 기회였던 것을 알 수 있습니다. 거꾸로 주가가 급등해 PBR이 1.3배를 넘었을 경우에는 조정이 찾아왔습니다.

특정 기업들의 PBR도 일정 밴드 내에서 움직이며 이를 잘 활용하

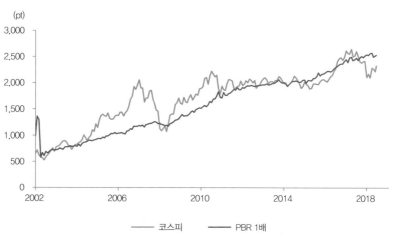

📈 코스피와 PBR 1배 추이

출처: Bloomberg

면 매매 타이밍 포착할 수 있습니다. 예를 들면, 2010년 이후 포스코는 0.3~0.7배, 한국금융지주는 0.7~1.2배, LG디스플레이는 0.5~1.0배 사이에서 움직였습니다.

기업의 PBR 수준은 항상 일정하지 않고 특히 ROE에 많은 영향을 받습니다. ROE가 개선되면 기업의 순자산 이익 창출력을 높이 평가해 주가가 상승하고 PBR이 높아집니다. 거꾸로 ROE가 하락하면 PBR은 하락합니다. ROE 수준에 따라 주가가 재평가되는 것입니다. 최근에 ROE 개선도가 뚜렷한 금융주와 철강, 화학 등 경기 관련주들의 PBR 밴드가 상향되고 있는 것이 좋은 예입니다. 특히 금융주의 경우, ROE에 따라 PBR이 결정돼 ROE에 의한 차별 현상이 심화되고 있습니다. 이런 의미

📊 **LG디스플레이 PBR 밴드**

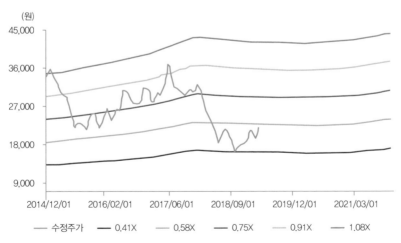

출처: 삼성증권 HTS

에서 PBR은 ROE가 몇 %인 회사를 순자산의 몇 배를 주고 살 것인가를 결정하는 내재가치 분석 방법이라고 할 수 있습니다.

한편 최근 5년간 한국시장 ROE는 매년 상향되고 있는 반면, 시장 PBR은 여전히 과거의 밴드 안에 갇혀 있습니다. 시장의 가치를 분석하는 툴은 여러 가지가 있지만 ROE와 PBR 측면에서 본다면 향후 한국 주식시장은 주가가 상승해서 PBR도 높아질 가능성이 큽니다.

PBR, ROE와 금융주

앞에서 설명했듯, PBR과 ROE는 불가분의 관계에 있습니다. PBR이 시가총액/순자산(자기자본)이니 당연합니다. 그런데 여기서 청산가치라 할 수 있는 순자산은 제조업체의 경우 왜곡될 가능성이 매우 큽니다. 장부

📊 **한국시장의 PBR과 ROE 추이**

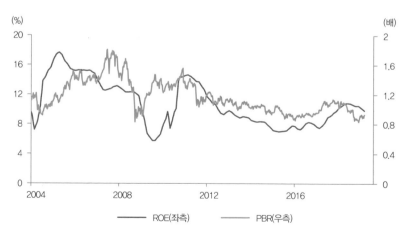

출처: Bloomberg

가로 표시된 기업의 자산가치가 정확하지 않기 때문입니다. 보유하고 있는 건물, 토지, 기계장치, 투자회사의 가치 등이 장부가 대비 과대, 과소 평가되는 경우가 많습니다. 기업이 청산하면 청산비용이 들어가게 되고 청산하고자 하는 유형자산은 제값을 못 받는 경우가 많습니다.

현대중공업의 유명한 골리앗 크레인 사례가 있습니다. 이 크레인은 2002년에 스웨덴 조선사로부터 사온 것입니다. 당시 스웨덴 조선사는 크레인을 단돈 1달러에 매각했습니다. 해체 및 수송비용 때문에 사려는 곳이 아무도 없었기 때문입니다.

한편 부동산 가격이 급등할 경우, 서울에 본사가 위치한 일부 기업의 자산가치는 제대로 평가받지 못한 경우가 많습니다. 반면에 금융회사의 순자산가치는 비교적 정확합니다. 자산과 부채 대부분 현금으로 이뤄져 있기 때문에 비교적 정확히 측정할 수 있습니다. 이는 은행, 증권 등 금융주를 PBR로 밸류에이션 하는 가장 큰 이유입니다.

또한 금융업은 돈을 운용하는 산업으로 ROE가 특히 더 중요합니다. 운용자산을 조달하려면 자본금을 늘리든지 부채를 일으켜야 합니다. 그러나 부채의 조달은 무한정 할 수 없고 자기자본 규모에 의해 제약을 받습니다. 따라서 자기자본 규모와 증가율이 매우 중요합니다. 특히 은행, 증권업 등은 ROE에 따라 PBR의 수준이 결정됩니다. 예를 들어, 증권업의 빅4라 할 수 있는 한국금융지주, NH증권, 삼성증권, 미래에셋대우증권의 밸류에이션은 ROE의 수준에 따라 평가되고 있습니다. 은행주도 마찬가지입니다. KB금융, 신한지주, 하나금융지주, 우리은행의 ROE

와 PBR을 비교하면 증권주와 유사한 결론을 얻을 수 있습니다.

▌4대 증권사의 ROE와 PBR

	한국금융지주		미래에셋대우		NH증권		삼성증권	
	ROE	PBR	ROE	PBR	ROE	PBR	ROE	PBR
2015	10.8	0.91	4.5	0.91	4.8	0.67	7.9	0.83
2016	8.5	0.72	0.8	0.55	5.1	0.62	4.7	0.63
2017	14.1	1.04	7.2	0.69	7.4	0.86	6.6	0.74
2018	13.0	0.80	5.8	0.54	7.3	0.77	7.3	0.60

출처: Fn Guide

4대 증권사 중 ROE가 가장 높은 한국금융지주는 PBR 밴드가 0.7~1.1배 사이에 형성되고 있는 반면, NH증권은 PBR 밴드가 0.6~0.9배 사이에서 움직이고 있습니다. ROE가 개선되면 PBR도 개선되는 추세가 뚜렷합니다. 이는 다른 증권사들도 마찬가지입니다. 메리츠종금증권은 업계 평균보다는 ROE가 높은 편이나 타 증권사와 달리 계속 하락하는 추세입니다. 2015년 20%가 넘었던 ROE는 최근에는 계속 하락해 13%를 조금 넘는 수준입니다.

4대 은행의 ROE와 PBR

	KB금융		신한지주		하나금융지주		우리은행[2]	
	ROE	PBR	ROE	PBR	ROE	PBR	ROE	PBR
2015	6.1	0.45	7.9	0.62	4.2	0.32	5.7	0.31
2016	7.2	0.55	9.0	0.69	6.0	0.41	6.4	0.42
2017	10.1	0.74	9.1	0.71	8.8	0.62	7.4	0.52
2018	8.8	0.51	9.2	0.52	8.9	0.41	–	–

출처: Fn Guide

4대 은행주 역시 ROE순으로 PBR이 형성되어 있습니다. 눈에 띄는 것은 2017년 KB금융 ROE가 크게 개선돼 신한지주 ROE를 넘어서면서 PBR이 신한지주 PBR을 넘어선 것입니다. 그러나 2018년 다시 ROE 수준이 비슷해지면서 PBR도 비슷한 수준이 되었습니다. 이와 같이 금융주는 ROE에 따라 PBR이 변하기 때문에 적정가치를 분석하기 위해서는 ROE의 추세를 파악하는 것이 무엇보다 중요합니다.

---

2 우리은행은 2019년 우리금융지주로 변경 상장되어 우리은행으로는 2017년까지 자료가 있다.

왜 애널리스트들은
EV/EBITDA를 많이 사용할까?

"순이익보다 영업이익에 관심이 더 많은데 영업이익을 사용한 가치평가 지표는 없느냐?"는 질문을 받곤 합니다. 질문에 대한 답이 바로 EV/EBITDA입니다. 물론 이자와 세금 그리고 감가상각 전 이익이지만 영업이익을 활용한 가치지표라 할 수 있습니다.

EV/EBITDA는 기업의 가치(Enterprise Value, EV)를 이자, 세금과 감가상각 전 이익(Earnings Before Interest, Taxes, Depreciation and Amortization, EBITDA)로 나눈 값으로 PER과 같이 기업의 적정가치를 평가하는 데 사용합니다. 여기서 EV는 기업의 시가총액에 순차입금(차입금-보유 현금과 예금)을 더해서 구합니다. 순차입금을 더하는 이유는 기업가치를 평가하는 데 주주뿐만 아니라 채권자의 몫도 반영하기 때문입니다. EBITDA는 영업활동에서 벌어들인 현금창출 능력이라 할 수 있습니다. EBIT(이자와 세금 차감 전 이익)는 영업이익과 같은 개념이고 감가상각비와 무형자산상 각비[1]인 DA(Depreciation and Amortization)는 영업이익을 구하기 위해 이미 차감된 비용이므로 거꾸로 영업이익에 DA를 더해주면 EBITDA와 같은 말이 됩니다. 이때 대부분 기업에서 무형자산상각비의 규모는 미미하므로 EBITDA는 편의상(영업이익+감가상각비)로 통용되고 있습니다. EV/EBITDA는 기업을 인수했을 때 영업에서 벌어들인 돈으로 원금을 회수하는 데 얼마나 걸리는지를 나타내는 지표라 할 수 있습니다. 따라서 EV/EBITDA 배수가 낮을수록 더 빨리 회수됩니다.

EV/EBITDA는 주로 M&A시장에서 많이 사용됩니다. 1980년 이후 주식시장에서도 기업의 가치를 평가하는 유용한 지표입니다. 가장 큰 이유는 감가상각비 때문입니다. 회사에서 대규모 투자를 하면 감가상각비가 갑자기 늘어나 순이익이 감소합니다. 이때 순이익으로 기업을 평가하면 연속성의 의미가 크게 떨어집니다. 일회성의 수익과 비용이 발생했을 때도 마찬가지입니다. 유가증권, 부동산을 처분하면 순이익이 크게 변동합니다. 다국적 기업의 투자자 입장에서는 각국의 금리, 세율 등이 다른데 이러한 변수를 제외하고 영업의 본질적인 부분으로 기업을 비교할 수 있어 매우 유용합니다.

---

1 특허권, 저작권과 같이 무형고정자산의 취득에 소요된 금액을 일정 기간에 걸쳐 상각하는 것이다.

EV/EBITDA 활용법

EV/EBITDA를 사용하는 방법은 PER과 매우 유사합니다. 우선 사업구조가 비슷한 기업끼리 비교하는 것입니다. M&A 입장에서 본다면 인수자금이 가장 빨리 회수될 기업을 찾는 것은 당연합니다. 즉, EV/EBITDA 배수가 더 낮은 기업에 투자하는 것입니다. 하지만 주가를 고려하면 기업간 일정한 격차를 발견할 수 있고 그 격차를 벌리거나 좁힐 수 있는 기업에 투자하는 것이 당연합니다.

둘째, 기업의 EV/EBITDA도 대부분 일정한 밴드에서 움직입니다. 따라서 밴드의 추이를 크게 벗어나지 않을 것으로 예상된다면 매매타이밍을 포착할 수 있습니다.

셋째, PER의 보조지표로 아주 유용합니다. PER을 중심으로 가치를 분석할 때 일회성 비용 때문에 순이익이 왜곡되는 경우가 발생합니다. 이럴 때에는 PER을 쓰는 것보다는 EV/EBITDA를 사용하는 것이 좋습니다.

EV/EBITDA를 사용한 사례

CJ E&M의 2016~2018년 PER과 EV/EBITDA를 비교해보면 CJ E&M의 PER은 44.2배, 8.8배, 26.4배로 크게 변화한 반면, EV/EBITDA는 6.5배, 4.3배, 7.8배로 비교적 변화가 작습니다. 이는 2017년 관계사 지분처분 이익 발생과 드라마 판권 등의 무형자산상각에 영향을 받았기 때문입니다. CJ E&M²경우, PER보다는 EV/EBITDA로 분석하는 것이 좋겠습니다.

│ CJ E&M 평가 지표

단위: 억 원, 배

	매출액	영업이익	순이익	PER	EV/EBITDA
2016년	15,384	280	622	44.2	6.5
2017년	17,501	632	4,286	8.8	4.3
2018(E)	19,738	1,322	1,322	26.4	7.8

출처: Fn Guide

EV/EBITDA는 이제 선진국뿐 아니라 국내 애널리스트와 펀드매니저도 많이 이용합니다. 그렇지만 회계 지식이 부족하다면 개념을 이해하기 어렵고 유용성도 PER에 비해 떨어져 개인투자자에게는 크게 관심을 끌지 못하고 있습니다. 하지만 많이 사용되는 PER, PBR도 완벽한 지표가 아니고 상호 보완적으로 사용되고 있기 때문에 EV/EBITDA를 PER과 같이 사용한다면 주식가치 분석에 많은 도움이 될 것입니다.

---

2 2018년 7월 CJ오쇼핑과 합병하여 CJ ENM으로 사명 변경했다.

금융회사 가치평가에
유용한 RIM

　절대가치 평가모델은 실제가치 분석을 할 때 몇 가지 한계점에 봉착합니다. 상대가치 분석에 비해 더 이론적이고 배경 지식을 필요로 하기 때문입니다. 또한 매년 발생하는 현금흐름이 장기화될수록 불확실성이 커지고 현재가치로 환산할 때 적용하는 할인율을 어떤 것으로 사용해야 할 것인지 정하기 어렵습니다. 이러한 점 때문에 대부분 투자자들은 가치 분석을 할 때 절대가치 평가모델을 잘 사용하지 않습니다. 그렇지만 잔여이익모델이라 불리는 RIM(Residual Income Model)은 비교적 간단하고 ROE와 자기자본의 현재가치에 중점을 두고 평가하기 때문에 금융기관 가치평가에 유용합니다.

　RIM은 초과이익의 현재가치를 순자산가치에 더해 구합니다.

> 기업가치 = 순자산가치＋초과이익의 현재가치
>
> = 자기자본＋자기자본×(ROE−R)의 현재가치

　　RIM은 현재의 순자산가치와 자기자본이익률 중 시장요구수익률(R)을 초과하는 부분만을 초과이익으로 인정합니다. 그 초과이익을 시장요구수익률로 할인하여 현재가치를 구하는 것입니다. 이때 RIM도 시장요구수익률을 무엇으로 사용할 것인가와 장기적으로 ROE를 어떻게 추정할 것인가의 문제에 봉착합니다. 그리고 금융기관은 시황과 금리 등의 요인에 따라 변동성이 크기 때문에 순이익을 정확히 예측하는 것은 매우 어려운 일입니다. 따라서 RIM은 1~2년 정도의 투자에 적당하고 장기투자를 위해서는 지속적인 업데이트를 통해 기업가치를 수정해야 합니다. 금융기관의 경우, 1년의 예측치를 이용하여 RIM을 구하는 것이 효과적입니다. 아래 공식을 사용하면 쉽게 구할 수 있습니다.

> 기업가치 = 자기자본＋[ROE$_{(t+1)}$−R]×자기자본평잔/시장요구수익률(R)

　　금융기관의 경우, ROE가 업종을 대표할 수 있는 수익률로 충분한 가치가 있으므로 업종평균 ROE를 시장요구수익률로 사용해도 무방합니다.[1] 그리고 초과이익의 자기자본은 당기와 다음 기 자기자본의 평균을 사용하면 됩니다. 참고로 이러한 수치들은 각 증권사 HTS에서 제공합니다.

---

[1] 시장요구수익률 혹은 자본할인율은 국고채나 회사채 등 시장 대표 금리를 많이 사용한다.

예를 들면 한국금융지주 ROE, 업종평균 ROE, 자기자본이 다음과 같습니다.

┃ 한국금융지주 ROE, 업종평균 ROE, 자기자본

	자기자본	ROE	업종평균ROE
2018년	4.3조	12.96%	
2019년(E)	4.9조	12.54%	9.18%

출처: Fn Guide

한국금융지주의 기업가치를 RIM으로 구해보면 약 6조 원입니다.

기업가치 = 4.3조 + (12.54 – 9.18) × 4.6조 / 9.18

= 4.3조 + 잔여가치(1.7조) = 약 6조

한국금융지주의 2019년 4월 19일 시가총액은 약 4조 원입니다. 따라서 RIM으로 구한 기업가치로 볼 때 앞으로 약 50%의 상승 여력이 있다고 할 수 있습니다.

미래에셋대우의 경우, RIM으로 기업가치를 구해보면 업종평균보다 낮은 수익성을 보이기 때문에 자가자본의 가치가 많이 디스카운트됩니다. 2019년 4월 19일 계산된 기업가치는 약 5.6조 원입니다.

┃ 미래에셋대우 ROE, 업종평균 ROE, 자기자본

	자기자본	ROE	업종평균ROE
2018년	8.3조	5.83%	
2019년(E)	8.7조	6.22%	9.18%

출처: Fn Guide

$$기업가치 = 8.3조 + (6.22 - 9.18) \times 8.5조 / 9.18$$

$$= 8.3조 + 잔여가치(-2.7조) = 약 5.6조$$

즉, 미래에셋대우의 2019년 4월 19일 시가총액은 약 5.2조 원으로 RIM으로 평가한 향후 상승 여력은 약 7%에 불과합니다. 이렇게 RIM을 사용하면 증권, 은행의 경우 비교적 납득할 수 있는 가치를 추정할 수 있습니다. 금융업의 경우 ROE에 의하여 영업경쟁력의 결과가 나타나기 때문에 시장요구수익률을 업종평균 ROE로 사용하는 것은 합리적입니다. 특히, 시장이 활황일 때 증권사 추정 ROE의 상승률은 금융업 평균 ROE보다 증가율이 높기 때문에 시장의 활황도를 반영해 목표가를 높일 수 있습니다. 반면 약세장으로 접어들면 반대의 결과가 나옵니다. 제조업은 시장의 요구수익률을 정하기가 어렵고 순자산가치도 왜곡되는 경우가 많습니다. 그러나 금융업은 순자산가치가 비교적 정확하고 ROE가 기업의 가치를 정하는 데 매우 중요한 변수가 되므로 RIM은 좋은 가치평가방법으로 적용할 수 있습니다.

PART **IV**

시장을 이기는
영리한 투자

이번 파트에서는 개인투자자들이 접근하기 쉽고 승산이 높은 투자법을 소개합니다. 우선 방법 중 하나로 실적 모멘텀 투자에 많은 부분을 할애했습니다. 실적 모멘텀이란 말 그대로 기업의 경영 성적이 좋아져 향후 밸류에이션이 개선돼 주가가 상승할 것으로 기대되는 것입니다. 이런 기업의 실적은 재무제표에서 확인됩니다. 또한 주가는 지속적으로 상승합니다. 실적 모멘텀 투자에서는 투자 기간이 중요하지 않습니다. 실적 모멘텀이 있는 주식에만 투자하면 됩니다. 실적 모멘텀 투자는 장기투자가 현실적으로 어려운 개인투자자에게 좋은 대안을 제시할 수 있습니다. 또한 산업에 대해 잘 알고 있으면 투자에 도움이 됩니다. 주가 상승의 모멘텀이 있는 많은 기업들이 고성장 산업에 속한 기업들입니다. ETF 투자에서도 산업 흐름을 잘 알고 있다면 투자대상을 선정하는 데 유리합니다.

최근 국내 주식시장은 박스권입니다. 이러한 시기에는 미국 등 해외주식에 관심 가져야 합니다. 상대적으로 수익률이 높기 때문입니다. 또한 박스권 시장에서는 배당주 투자가 빛을 발합니다. 우리나라 기업들의 배당성향은 높아지고 있습니다. 저금리 지속, 변동성 감소, 배당성향 증가 등으로 어느 때보다 배당투자의 매력이 증가하고 있습니다. 우량 소형주 투자도 개인투자자에게 승산이 높은 방법입니다. 물론 전제 조건이 따릅니다. 기본기가 충실하고 기관보다도 정보 우위에 있어야 합니다. 주식투자는 결국 스스로 판단하고 책임을 지는 것입니다. 그렇지만 주변에 전문가가 있다면 시장을 이기는 데 크게 도움이 됩니다. 전설적인 투자자들의 교훈 속에서도 충분히 도움을 얻을 수 있습니다.

실적
모멘텀 투자란

실적 모멘텀 투자의 시작

성공적인 장기투자는 놀라운 결과를 보여줍니다. 코스피가 도입된 1980년 초, 지수에 투자했다고 가정하면 배당수익을 제외하고도 2018년 말까지 수익률이 1,941% 달합니다. 만일 당시 삼성전자를 사서 2018년까지 보유했다면 배당수익을 제외하고도 38년간 무려 약 4만 5,000%의 수익률을 올렸을 것입니다. 연평균 18%의 수익률입니다. 장기투자 성공 사례는 삼성전자만이 아닙니다. 네이버, 신세계, 아모레퍼시픽 같이 3~5년 투자만으로도 장기투자의 위대함을 증명하는 사례는 쉽게 찾아 볼 수 있습니다. 실제로 워런 버핏이나 피터 린치와 같은 위대한 투자자는 대부분 장기투자자입니다. 피터 린치의 마젤란 펀드의 수익률은

1977년부터 1990년까지 2,700%에 달했습니다. 워런 버핏이 운영하는 버크셔 헤서웨이(Berkshire Hathaway)의 수익률도 연평균 20%가 넘는 것으로 알려져 있습니다.

하지만 장기투자는 전문가의 영역입니다. 장기투자를 위해서는 사전 지식과 꾸준한 관찰, 분석력, 웬만한 주가 변동에도 움직이지 않는 배짱, 끈기 등 많은 능력을 갖춰야 합니다. 어설프게 흉내만 낸다면 오히려 돌이킬 수 없는 큰 손실을 볼 수도 있습니다.

1989년 지수가 처음 1,000pt를 돌파했을 때 많은 시장 전문가들은 지수 1,000pt시대가 열렸다고 기뻐했습니다. 그러나 1989년에서 2006년 중반까지 코스피 지수는 무려 16년간 500~1,000pt의 박스권에서 머물렀습니다. 삼성전자 등 몇 종목을 제외하고는 장기투자가 별로 의미가 없는 기간이었습니다. 펀드도 마찬가지였습니다. 500pt 근처에서 가입한 투자자를 제외하고는 의미 있는 수익률을 내지 못했습니다. 하지만 2005년 이후 지수가 2,000pt를 돌파했을 때 대형우량주 중심의 종목들이 크게 상승하며 펀드 수익률이 좋아졌습니다. 한국시장에서 장기투자가 의미를 보인 시점도 이때부터입니다. 또한 금융위기 이후 2011부터 2016년까지 6년 동안 지수는 박스권에서 머물렀지만 주가 차별화가 지속적으로 이뤄지면서 제약, 화장품 등 몇몇 종목들은 2~3년간 투자로 큰 수익을 올릴 수 있었습니다.

그렇다면 장기투자는 몇 년을 말하는 걸까요? 장기투자 기간을 정확히 정의하기는 어렵습니다. 펀드를 운용하는 펀드매니저들도 저마다 의견이 다르지만 1년 이하는 단기, 1~3년은 중기, 3년 이상은 장기라고 합니다. 심지어 워런 버핏은 10년 이상 보유할 종목이 아니면 10분도 가지고 있지 말라고 했습니다. 그의 투자기간은 최소 10년 이상인 것입니다. 개인투자자들에게 물어보면 보통 투자기간이 6개월 이내면 단기, 6개월~1년이면 중기, 1년 이상이면 장기로 인식하는 것 같습니다. 개인투자자들의 단기, 중기, 장기는 기관투자자들보다도 더 짧은 것을 알 수 있습니다.

장기투자를 어려워하는 이유

첫째, 대다수의 투자 성향이 장기투자와 맞지 않습니다. 주식은 리스크가 큰 금융상품입니다. 만약 투자성향이 보수적이거나 안전추구형이라면 섣불리 주식에 참여했다가 큰코다칩니다. 변동성이 커지면 장기는 고사하고 짧은 기간도 심리적으로 버티기 어렵습니다. 주식이 예측대로만 된다면 참 쉽겠지만 주가의 향방을 예측하기는 정말 어렵습니다. 중간에 빠져나올 수 있는 용기도 필요합니다. 또 크고 작은 주가의 흔들림에 굳건히 맞서야 합니다. 투자 성향이 주식과 맞지 않는 사람들은 대부분 장기투자와 어울리지 않습니다.

둘째, 장기적으로 보유할 종목을 고르는 분석력이 부족합니다. 많은 투자자들이 기간을 떠나 기본적인 분석력 없이 주식투자를 하는 경우가 많습니다. 분석력을 갖추려면 기본적인 지식과 역량을 갖춰야 합니다. 여기서 말하는 기본 지식이란 재무제표, 밸류에이션 분석, 산업 트렌드,

경제 현황 파악입니다. 분석력이 없다면 단기투자도 성공하기 어렵습니다. 하물며 꾸준한 분석력이 필요한 장기투자는 더욱 어렵습니다.

셋째, 장기투자를 하더라도 그 기간 동안 투자종목의 주가에 합당한 데이터를 보유하지 못합니다. 즉, 주가에 대한 확신이 부족합니다. 장기투자를 위해서는 처음 매입했을 때 확신했던 근거를 꾸준히 조사하고 정보를 수집해야 합니다. 그러나 주가의 가치가 변함에도 불구하고 대부분 처음에 가진 확신을 그대로 믿는 경향이 있습니다. 이렇게 해서 성공했다면 이는 운이 많이 작용했다고 볼 수 있습니다. 적어도 본인의 투자종목이 처음 예측한 것과 맞는지 계속 모니터링하고 분석해야 합니다. 대부분 개인투자자들은 지속적으로 데이터를 수집하지 못합니다.

한편 일부 개인투자자들은 기술적 분석만을 이용해 트레이딩 혹은 반복 매매를 하는 단기투자에 뛰어듭니다. 이와 같은 방법 역시 개인투자자들이 성공하기는 만만치 않습니다. 단기 반복 매매는 필연적으로 많은 거래 비용이 수반되기 때문입니다. 또한 지수의 변동성이 작아지면 단기투자할 종목을 찾는 것이 어렵습니다. 기술적 분석으로 단기투자에 성공한 사례도 있고 성공한 전문가들도 나오고 있으나 이 분야도 개인투자자들이 쉽게 접근할 수 있는 영역으로 보기는 어렵습니다. 더욱이 최근에는 기관투자자들이 초고속 퀀트 시스템을 이용한 트레이딩에 나서고 있어 단기 트레이딩 시장에서도 개인투자자들이 설 자리는 점점 사라지고 있습니다.

실적 모멘텀 투자란?

효율적인 시장이 되고 자본시장이 발달할수록 개인투자자들이 주식투자에서 성공할 확률은 줄어들고 있습니다. 따라서 개인투자자들은 접근하기 쉽고 이길 확률이 높은 방법으로 접근해야 합니다. 개인투자자들이 이길 수 있는 투자방법 중 하나가 실적 모멘텀(Earnings Momentum)입니다. 우리는 주식뿐 아니라 일상생활에서도 모멘텀이라는 용어를 많이 씁니다. 모멘텀은 물리학 용어로 움직이는 물질의 추진력을 말합니다. 주식시장에서는 주가의 추세를 지속하거나 변동시킬 수 있는 근거로 쓰이고 있습니다. 주식시장에 모멘텀을 주는 변수로 이벤트, 재료, 수급, 실적, 뉴스 등 여러 가지가 있습니다. 모멘텀 투자 방식은 오랜 기간 동안 우수성을 증명해 왔습니다. 모멘텀 투자는 달리는 말에 올라 타자는 전략입니다. 즉, 추세에 순응하는 투자입니다. 올라가는 것은 사고, 내려가는 것은 팝니다. 이러한 모멘텀을 측정하기 위해 기술적 분석가들은 차트를 이용해 추세를 분석합니다. 모멘텀 투자를 추종하는 일부 운용기관에서는 대부분 계량적인 방법을 이용하고 있습니다. 예를 들면, 6개월 혹은 12개월 주가를 이용해 기준시점 대비 상승을 보이는 종목에 투자하는 방법입니다. 그러나 이러한 방법들은 개인들이 이용하기에 다소 무리가 있어 보입니다. 기술적 분석이나 계량 분석에 전문성을 갖추기가 쉽지 않기 때문입니다. 또한 달리는 말(기업)에 탔는데 말을 제대로 모르고 다루지도 못하다가 낙마하면 큰 위험에 빠질 수도 있습니다.

모멘텀 투자의 핵심은 실적입니다. 기업 실적도 여러 요인에 의해 모멘텀을 받으면 상당 기간 성장이 지속됩니다. 이런 기업의 실적은 재무제표에서 확인되며 주가가 지속적으로 상승합니다.

실적 모멘텀 투자에서는 스토리도 중요합니다. 여기서 스토리란 산업이나 기업에 큰 변화 및 성장이 기대돼 주가가 크게 오를 것이라는 다수의 동의를 의미합니다. 그런 동의는 최소 1년 이상 지속 가능하고 예측이 쉬워야 합니다. 예를 들어 전기차, 바이오, 5G 산업 등이 향후 성장 스토리입니다. 이미 실적이 좋은 기업도 있지만 몇 년 뒤의 실적을 기대하기 때문에 지금은 당장 밸류에이션이 제대로 안 되는 경우도 많습니다. 이런 경우, 밸류에이션 부담을 가지더라도 투자 리스트에 넣어야 합니다. 나중에 엄청난 성적을 올릴 가능성도 크기 때문입니다. 하지만 스토리가 아무리 탄탄해도 향후 실적이 이를 증명을 못하면 결국 주가는 무너지게 됩니다. 스토리를 증명하는 것은 실적입니다. 모멘텀의 모든 것은 결국 실적이라고 할 수 있습니다.

기술적 분석도 실적 모멘텀 투자에 많은 도움이 됩니다. 실적 모멘텀이 있는 주식의 추세나 강도를 모양으로 확인할 수 있기 때문입니다. 또한 기술적 분석을 통해 투자 종목 후보군을 선정하고 기본적 분석을 거친 후 실적 모멘텀이 있는 종목을 선정할 수도 있습니다.

종합하면 실적 모멘텀 투자란 기업의 실적에서 상승 모멘텀을 찾고 이를 간단한 기술적 분석을 통해 확인하는 것이라고 할 수 있습니다. 만일 발굴한 종목이 성장 스토리까지 있다면 금상첨화입니다.

실적 모멘텀 투자의 장점 3가지

첫째, 이길 확률이 높습니다. 모멘텀 투자는 투자 기간이 정해져 있지 않습니다. 모멘텀이 있다면 계속 투자가 가능합니다. 대부분의 투자자들은 주도주를 사고도 수익이 조금 나면 팝니다. 매도 후 두세 배 상승하는 경우도 있지만 이미 내 손을 떠난 후라 땅을 치고 후회해도 소용없습니다. 문제는 이와 같은 경우가 반복된다는 데 있습니다. 실적 모멘텀 투자는 기본적 분석과 기술적 분석을 통해 실적 모멘텀을 계속 파악하는 매매이기 때문에 대세 상승 종목을 놓치지 않습니다. 모멘텀이 강한 구간에서는 수익률이 높습니다. 우리는 이를 놓치지 않는 연습을 해야 합니다. 실적 모멘텀이 약해 시세가 부진한 종목을 매수하면 수익은 고사하고 손실을 봅니다. 반면 실적 모멘텀이 지속되면 팔고자 하는 유혹을 이겨내야 합니다.

둘째, 리스크 관리가 가능합니다. 실적 모멘텀이 있는 주식에만 투자하면 됩니다. 강세장이면 모멘텀 투자가 용이할 수 있고 약세장이면 용이하지 않을 수도 있습니다. 모멘텀이 있는 종목을 발굴하는 것이 어려우면 투자를 쉬면 됩니다. 이런 식으로 투자하면 강세장에서는 투자 비중이 늘어나고 약세장에서는 자연스럽게 투자 비중이 줄어듭니다. 시장에 모멘텀이 없거나 모멘텀이 있는 종목을 발견하지 못한다면 투자를 아예 쉬어도 됩니다. 본인이 관심 있고 아는 종목에서 모멘텀을 발견할 수 없었다면 무리해서 시장에 참여할 필요 없습니다. 이길 확률이 높을 때 참여해야 승리할 가능성이 높아집니다.

셋째, 실적 모멘텀 투자는 개인에게 적합한 투자입니다. 계속 강조하지만 초단기투자나 장기투자는 전문가의 영역입니다. 대부분 개인투자자들은 주식을 오랫동안 공부하면서 보유하는 데 익숙하지 않습니다. 모멘텀이 있는 기간 동안 관심 종목에 투자해도 충분합니다. 개인투자자들은 약간의 기본적, 기술적 분석 지식과 꾸준한 관찰만으로도 성공적인 모멘텀 투자를 할 수 있습니다.

▌실적 모멘텀 투자와 다른 투자 방식 비교

	단기 추세 투자	실적 모멘텀 투자	장기 가치 투자
기술적 분석	절대 의존	상호 보완적	거의 안함
기본적 분석	관심 없음	상호 보완적	절대 의존
유용한 장세	상관 없으나 강세장에 유리	강세장, 횡보장	상관 없음

실적 모멘텀 플레이어 유형 4가지

실적 모멘텀 투자에서 기업은 실적 모멘텀이 있느냐, 없느냐로 구분됩니다. 실적 모멘텀이 있는 기업에만 투자해 승리할 확률을 높여야 합니다. 모멘텀에 따른 주가 모양은 4가지로 분류할 수 있습니다. 실적 모멘텀 유무, 실적 모멘텀 강도와 주가 모양에 따라 모멘텀 지속형과 모멘텀 출현형, 모멘텀 대기형, 모멘텀 부재형으로 분류합니다. 모멘텀 대기형은 상승 후 조정을 보이는 형과 하락 후 조정을 보이는 형으로 다시 분류됩니다. 편의상 순서대로 알파벳으로 A형, B형, C형(C1형, C2형), D형으로 분류했습니다. 우리는 모멘텀 지속형과 모멘텀 출현형에만 투자하고자

합니다. 물론 모멘텀 대기형도 관심을 가지고 매수리스트에 넣을 수 있으나 섣불리 투자했다가 비자발적 장기투자를 하게 될 수 있습니다. 이들 유형을 상세히 살펴보도록 하겠습니다.[1]

1. 모멘텀 지속형(A형)

주도주 혹은 대장주로 불리며 스토리와 실적이 검증되어 최소 1년 이상 상승 추세를 지속하는 종목입니다. 실적이 좋은 중소형주도 이런 모양을 보이는 경우가 종종 있습니다. 상승장에서는 항상 주도주들이 있었습니다. 금융위기 이후 상승을 주도했던 '차, 화, 정'으로 대표되는 현대차, 롯데케미칼, GS와 2016~2017년 상승장을 주도한 삼성전자, SK하이닉스, KB금융 등이 좋은 사례입니다. 이들 종목들의 평균 상승 기간은 25개월입니다. 짧게는 20개월에서 길게는 30개월 정도입니다. 이 기간 동안 수익률은 낮게는 250%에서 높게는 680%에 달했습니다. 이 때 우리는 어떤 종목에 투자하고 있었을까요? 혹 이들 종목을 매수했더라도 이익을 실현한 수익률은 얼마였을까요?

앞으로도 우리가 주식투자를 계속하는 한 시장을 주도하는 종목들은 계속 나타날 것입니다. 상승 초기에는 모멘텀이 지속될지 확신할 수 없습니다. 그렇지만 과거 주도주들의 공통점을 분석해보면 다음과 같습니다. 이익추정치가 지속적으로 개선되고 목표치가 상향되며, 외국인의 지분율이 증가하고 기술적으로도 주가가 20일 이동평균선을 거의 하회하

---

1 기업들 사례는 2019년 4월 말까지 실적과 차트 모양으로 설명했다.

지 않습니다. 이러한 점은 모멘텀 출현 종목들을 어떻게 관찰해야 할지 시사하는 바가 큽니다.

금융위기 이후 현대차는 최저점에서 최고치까지 무려 29개월간 상승합니다. 실적과 수급이 받쳐주면서 주가가 지속적으로 상승하는 전형적인 모멘텀 지속형(A형) 모습을 보였습니다. 중국 특수와 제품 경쟁력이 향상되면서 비로서 세계 유명 메이커들과 경쟁하기 시작한 시기입니다. 매출액성장률과 영업이익증가율이 연 평균 20%를 상회했습니다. 이 기간 동안 외국인 지분율도 26.5%에서 44%까지 크게 늘어났습니다. 그러나 아쉽게도 2012년 5월 이후 현대차는 성장세 및 수익성 둔화로 실적 모멘텀이 약해지기 시작하며 모멘텀 대기형(C1형) → 모멘텀 부재형(D형) → 모멘텀 대기형(C2형)을 이어가고 있습니다.

롯데케미칼은 경기 관련주 답게 최근 10년간 큰 모멘텀이 2번 있었습니다. 한 번은 금융위기 직후 무려 28개월간 계속됐습니다. 주가는 무

📊 현대차

려 14배나 상승했습니다. 금융위기 직후는 주가가 폭락한 때라 모멘텀도 강력했습니다. 다른 하나는 2015년부터 2018년 초까지 약 40개월간 주가가 3배 상승한 사례입니다. 화학, 철강, 건설 등 경기 관련주는 일정 기간 동안 상승, 하락, 조정, 상승 사이클을 반복합니다. 특히 화학주는 제품 경쟁력이 있어 다음 스테이지에서도 상승이 기대되는 종목입니다. 현재 모멘텀을 잃고 모멘텀 부재의 D형을 거쳐 모멘텀 대기형(C2형) 모양을 하고 있으나 경기 사이클과 연동돼 일정 기간이 지난 후에는 새로운 실적 모멘텀을 찾을 가능성이 큽니다.

SK하이닉스는 IT기업들의 수요 증대로 인해 빅 사이클에 진입했습니다. 2015년 5월부터 2년 동안 주가가 약 3.6배나 올랐습니다. 반도체 고점 논란과 함께 주가가 조정을 받기 시작하며 모멘텀이 약해졌고 주가가 D형을 거쳐 C2형로 전환되는 중입니다. 기술적으로 보면 이미 60일 이동평균선을 하회했고 상승기의 저점이 계속 낮아지는 등 모멘텀을 이어

🏦 롯데케미칼

SK하이닉스

가기 어려운 사인이 나오고 있습니다. 반도체 경기 논란과 함께 2019년
에는 실적 정체가 예상됨에 따라 모멘텀 회복이 만만치 않을 것으로 전
망됩니다.

모멘텀 출현형(B형)

조정기를 거치고 조만간 개선이 기대되거나 이미 개선되어 상승세로
전환된 종목군입니다. 실적 개선의 강도가 강하지 않으면 주가 상승은
보통 6개월 내로 그치고 다시 모멘텀 대기형으로 전환됩니다. 하지만 이
들 종목군 중에서 일부는 스토리와 실적 모멘텀이 지속돼 모멘텀 지속
형으로 전환되기도 합니다. 이 종목군 역시 실적 개선이 중요합니다. 단
지 가격 메리트가 생겨 기술적 반등하는 종목군과는 구별해야 합니다.

기아차는 2012년 상반기에 사상 최고치를 기록한 직후 끝없이 추락
했습니다. 물론 하락하는 동안 2차례 모멘텀 출현형이 나타나기도 했지

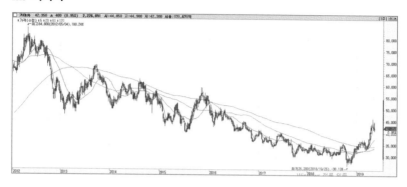

기아차

만 대부분 기술적 반등에 그쳤습니다. 지속적으로 하락한 이유 역시 경쟁력 약화에 따른 실적 부진입니다. 막연히 싸다고 기아차에 장기적으로 투자했다면 큰 낭패를 봤을 것입니다. 2018년 밸류에이션 부담이 낮아지면서 모멘텀 대기형(C2형)으로 전환되었고 2019년 미국에서 신차 판매 호조로 실적 모멘텀이 생기면서 마침내 모멘텀 출현형(B형)으로 전환되었습니다. 하지만 여전히 낮은 이익률과 실적을 견인할 라인업 부재로 모멘텀 지속형(A형)으로의 전환은 어려워 보입니다.

케이엠더블유는 무선통신 기지국에 장착되는 각종 장비 및 부품을 생산하는 업체입니다. 5G가 개통되며 5G산업에 대한 성장 스토리가 형성되고 관련 부품 수요가 크게 증가될 것으로 기대되며 2019년 들어 강한 실적 모멘텀이 형성되고 있습니다. 5G 관련 부품주들이 이와 유사한 형태를 보이고 있습니다.

📈 케이엠더블유

모멘텀 대기형(C형)

횡보하며 실적 모멘텀을 기다리는 종목군입니다. 모멘텀 대기형은 다시 상승 후 조정을 보이는 C1형과 하락 후 바닥을 형성하고 있는 C2형이 있습니다. 주가가 상승하면 보통 어느 정도 상승 후 당연히 조정을 받기 마련입니다. 밸류에이션 부담 때문입니다. 현재 밸류에이션보다 더 좋은 실적이 예상된다면 재상승을 시작합니다. 결국 밸류에이션 부담을 느낄 때까지 주가는 상승합니다. 실적은 양호하나 주가 상승으로 밸류에이션을 극복하지 못하면 주가는 결국 횡보를 보이게 됩니다. 이때 보통 실적과 밸류에이션 논쟁이 이어지는 경우가 많습니다. C1형 모양은 A형 종목군들의 상승 사이클을 마감할 때 많이 보입니다. 한편 주가가 하락한 후 실적이 나빠지는 정도가 줄거나 더 나빠지지는 않으며 그렇다고 반전 기미가 보이지 않는 종목군들은 C2형을 보이는 경우가 있습니다.

📊 **삼성SDI**

실적 모멘텀은 없으나 밸류에이션은 매력적인 경우도 많습니다. 많은 가치투자자들은 C2형 종목에 매력을 느낍니다. C2형의 종목군들 중 일부는 장기투자에서 높은 수익률을 올리기도 합니다. 하지만 C2형의 종목들 중에는 다시 D형으로 전환되는 경우도 있습니다. 시간과의 싸움에서 이길 자신이 없다면 이런 종목군에서는 승산이 적습니다.

삼성SDI는 전기차 배터리 시장 성장과 중소형 배터리 사업 실적 호조로 힘입어 2017년 이후 주가가 크게 상승했지만 2018년 이후에는 시장 조정과 개별 밸류에이션 부담으로 주가가 박스권에 머물며 C1형 모습을 보이고 있습니다. 주가가 다시 지속형(A형)으로 될지 아니면 모멘텀 부재형(D형)으로 될지는 결국 향후 실적 모멘텀에 의해 결정됩니다.

한세실업은 실적 악화로 모멘텀 부재형(D형)으로 전환된 후 다시 2년 이상 모멘텀 대기형(C2형)을 보였습니다. 실적 모멘텀 부재로 횡보 기간이 오랫동안 지속되었습니다. 대미 수출 증가에 따른 실적 모멘텀이 생긴 2019년 초, 모멘텀 출현형(B형)으로 전환되었습니다.

📊 한세실업

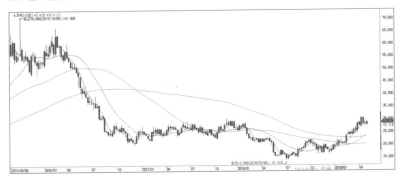

모멘텀 부재형(D형)

모멘텀이 없어 주가가 지속적으로 하락하며, 실적 역시 부진합니다. 이러한 종목군들은 철저히 피해야 합니다. 우리가 모르는 하락 사유가 있을 수 있으며, 반전도 쉽지 않습니다. 싸다는 이유로 매수하면 손실을 볼 가능성이 큽니다. 특히 시장 주도주였던 종목이 하락하기 시작할 때 뒤늦게 매수에 가담하면 큰 실패를 볼 수도 있습니다. 모멘텀이 생길 때까지는 관심도 가지지 않는 것이 좋습니다.

한국타이어는 글로벌 타이어 수요 부진이 지속되면서 실적이 악화되어 2017년 초 이후 주가가 계속 하락했습니다. 주가 하락으로 밸류에이션 매력이 부각되며 모멘텀 대기형(C2)으로 전환될 가능성도 보이고 있습니다.

엘앤에프는 2차전지 양극재를 생산하는 업체입니다. 주가가 최근 몇

한국타이어

년간 5~6배 정도 오른 후 조정을 받고 있습니다. 중소형주가 스토리나 재료로 오른 후 실적이 뒷받침되지 않아 밸류에이션 부담으로 추락하는 전형적인 모습입니다. 시장이 약세장으로 전환되고 실적 모멘텀이 없을 경우 오버슈팅(Overshooting)한 대부분의 소형주가 이런 모습을 보입니다. 밸류에이션 매력이 부각될 때까지 하락한 후 일반적으로 모멘텀 대기형

엘앤에프

(C2)으로 전환될 가능성이 큽니다.

실적 모멘텀을 읽어라

다음 5가지 유형은 실적 모멘텀을 발견하는 데 매우 도움이 됩니다. 5가지 유형은 경기 관련주, 재무제표에서 신호를 보내는 종목군, 산업 트렌드, 차트에서 신호를 보이는 종목군, 우량 소형주 등입니다.

1. 경기 관련주

경기 관련 산업들은 업다운이 심합니다. 물론 관련 산업들의 라이프 사이클에 따라 진폭은 다르지만 몇 년을 두고 업다운을 반복하는 특징이 있습니다. 이런 산업군들은 업 턴을 시작하면 1년 이상 이어지는 경우가 대부분이기 때문에 모멘텀이 시작되는(실적이 개선되는) 초창기에 투자하면 큰 수익을 올릴 수 있습니다. 이러한 산업으로는 건설, 철강, 조선, 화학 등이 있습니다. "이걸 누가 몰라"라고 할 수도 있지만 이런 종목군은 실적 모멘텀 유무에 따라 투자할 때와 하지 않아야 할 때가 명확히 구분됩니다. 이것만 알아도 투자에 많은 도움이 됩니다.

2. 재무제표에서 신호를 보내는 종목

실적이 개선되기 시작하면 재무제표를 통해 신호가 나타납니다. 성장성이나 수익성을 볼 수 있는 여러 항목들이 있지만 개인적으로 재무제표에서 주의 깊게 보는 항목이 있습니다. 바로 매출원가율입니다. 매출원가율을 보면 매출액에 영향을 받는지 아니면 원가 절감을 하고 있는지

롯데케미칼

알 수 있습니다. 즉, 기업의 가장 본질적인 요인을 파악할 수 있습니다.

또 하나는 ROE 개선도입니다. ROE는 개선시키기가 어렵습니다. 만약 향후 3년간 ROE가 크게 증가하는 기업을 현재 시점에서 찾을 수만 있다면 대박 종목을 찾은 것이나 다름없습니다. 특히, 금융주는 무엇보다도 ROE에 주목해야 합니다. 자본 사이즈도 키우면서 수익성도 개선시켜야 하는데 그 성과를 ROE에서 가장 잘 측정할 수 있기 때문입니다.

3. 트렌드를 읽어라

경기 관련주도 결국 산업의 동향을 읽고 투자하는 것입니다. 트렌드를 읽고 모멘텀을 미리 파악한다면 우리는 엄청난 수익을 올릴 수 있습니다. 특히 전통 산업보다는 새로운 산업이 중요합니다. 지금 우리 주위에는 새로운 고성장 산업이 계속 등장하고 있습니다. AI, 빅데이터, 드론, 스트리밍, 로봇, 공유 경제 서비스, 자율주행차 등 일일이 나열할 수

📊 구글

없을 정도입니다. 그만큼 세상이 빠르게 변하고 있습니다. 최근 국내외의 주식시장에서 빅 모멘텀이 발생해 엄청난 주가 상승을 한 종목들은 대부분 이러한 산업군의 기업들이었습니다. 'FAANG'으로 불리는 페이스북, 애플, 아마존, 넷플릭스, 구글 등이 대표적입니다.

4. 차트를 통한 모멘텀 종목 발굴

차트를 이용하면 코스피, 코스닥에 상장된 종목을 분석할 수 있습니다. 어떤 기술적 분석 툴을 이용할지는 중요하지 않습니다. 평소 자신이 잘 사용하는 분석 툴을 사용하면 됩니다. 이동평균선만 사용해도 충분합니다. 생전 처음 들어본 종목도 차트가 매력적으로 보이는 경우가 많습니다. 종목에 대해 잘 모르고 있다면 현혹당하기에 십상입니다. 매력적으로 보이는 이유를 확인해야 합니다. 그러기 위해서는 펀더멘탈 분석이 필요합니다. 펀더멘탈 측면까지 확신이 서면 그때 행동으로 옮겨도 늦지 않습니다.

5. 우량 소형주 투자

　소형주 투자는 동전의 양면과도 같습니다. 잘하면 대박이지만, 못하면 쪽박일 가능성이 큽니다. 소형주는 리서치센터 분석 리스트에도 있지 않고 추천하지도 않습니다. 필자 역시 기본적 분석력이 없는 투자자에게는 소형주를 추천하지 않습니다. 하지만 증권사 추천리스트에 배제되어 있어 기관들마저 외면하니 개인투자자들이 정보의 우위에 설 수 있습니다. 기관투자자들은 소형주에 관심 가질 여력이 없습니다. 그들은 보유 종목 100~200개를 제대로 관리하기도 벅찹니다. 만약 확실한 정보 우위와 기본적 분석을 할 수 있다면 승산이 있습니다. 역설적으로 소형주가 실적 호전주로 주목 받고 시가총액이 커져 기관이 관심을 가질 경우 모멘텀이 꺾일 가능성이 큽니다. 따라서 소형주는 끊임없이 관찰해야 합니다. 정보가 많지 않으므로 내가 모르는 리스크에 노출될 가능성도 크기 때문입니다.

　다음 페이지의 비에이치 주봉 차트를 살펴봅시다. 비에이치는 연성인쇄회로기판(FPCB)을 주로 만드는 업체입니다. 전방산업 호조로 실적이 크게 개선되었습니다. 2016년 하반기 지인에게 추천 받은 종목입니다. 그때 당시에는 크게 관심을 두지 않았습니다. 추천 당시 주가는 6,000원대였고 한때 3만 원까지 올랐습니다.

실적 모멘텀의 소멸

실적 부진 혹은 예상치 하회

분기 실적이 나올 때마다 시장에서는 투자종목의 실적이 예상치와 부합하는지 관심이 집중됩니다. 만약 예상치보다 못한 실적이 발표되면 주가는 매물을 부르고 곧장 하락하고 맙니다. 만약 어닝 쇼크라도 발표되면 주가는 곤두박질칩니다. 실적이 예상치에 부합하지 않은 것이 일시적인 현상일 수 있지만 보통은 모멘텀이 약해지는 사인으로 받아들여야 합니다. 지속적으로 예상치를 밑도는 회사는 쳐다볼 필요도 없습니다. 예상치를 유지하더라도 실적이 개선되지 않는다면 모멘텀이 생길 수 없습니다. 실적이 기대하는 예상치에 부합하는지 기업 리포트와 뉴스를 계속 모니터링해야 합니다.

대표적인 사례가 현대차입니다. 2018년 초에는 실적 개선 기대감이 있었으나 실제로는 실적 부진이 지속되면서 주가가 하락했습니다. 2018년

현대차

3분기에는 영업이익이 예상보다 70% 이상 감소하는 어닝 쇼크가 발생해 주가가 급락하며 일시적으로 10만 원선이 무너졌습니다.

밸류에이션 부담

실적이 예상에 부합하더라도 주가가 상승하면 밸류에이션 부담이 생깁니다. 주가는 대부분 통상적인 밸류에이션 밴드를 가지고 있습니다. 각 기업들의 PER은 일정 밴드에서 움직이고 PBR도 일정 밴드 안에서 움직입니다. 하지만 기업의 성장률이 예상치보다 못할 때 PER 밴드가 낮아집니다. ROE가 낮아지는 추세면 보통 PBR 밴드도 낮아집니다. 물론 반대로 실적 모멘텀이 강력해 밴드 폭이 확대되는 경우도 있습니다. 실적이 아무리 좋아도 주가가 상승해 밸류에이션 부담이 쌓이면 모멘텀은 꺾입니다. 좋은 예가 오뚜기입니다. 오뚜기는 면, 건조제품, 양념 등 주력 제품들의 뛰어난 시장 경쟁력으로 실적이 지속적으로 개선되면서

오뚜기

2016년 초 주가가 한 때 140만 원대까지 상승했습니다. 당시 PER이 40배, PBR은 4배 이상을 기록했습니다. 그렇지만 실적 호조가 2018년까지 이어졌음에도 불구하고 실적 개선도가 밸류에이션 부담을 이기지 못하고 주가는 꺾였습니다.

업황 고점 논쟁

실적도 예상치에 부합하는데 주가가 횡보 내지 조정을 보이는 경우가 있습니다. 2018년 은행주와 반도체주가 대표적인 예입니다. 은행주는 예대 마진율 확대, 대출 증가, 대손율 하락 등에 힘입어 약 2년간 주가가 큰 폭으로 상승했습니다. 2018년 예상 실적도 좋았습니다. 하지만 주가는 2018년 초부터 조정 국면에 들어가더니 하락 추세로 전환됐습니다. 2017년 하반기부터 은행주의 실적에도 불구하고 성장성에 의문을 품은 일부 애널리스트의 업황 피크 의견이 제기되었습니다. 처음 업황 피크

SK하이닉스

논란이 제기되면 주목은 하되 곧바로 행동으로 옮길 필요는 없습니다. 그러나 피크 논란이 반복되면 모멘텀이 약해지는지 살펴야 합니다. 은행 주들은 고점 논란이 반복되자 주가는 조정에 들어가기 시작했습니다. 삼성전자, SK하이닉스 등 반도체주도 마찬가지였습니다. 실적 호조와 밸류에이션 매력에도 불구하고 업황 공방이 거세지는 시점 근처에서 주가는 조정이 시작되었습니다. 물론 항상 그런 것은 아닙니다. 하지만 잘 나가는 특정 산업 업황에 대한 논쟁이 불거지면 어느 한쪽에 줄을 설 수밖에 없습니다. 아무리 그 산업에 지식이 많아도 애널리스트를 능가하는 경우는 거의 없습니다. 어설프게 결론을 내리면 안 됩니다. 업황 고점 논쟁이 벌어질 경우 주가가 피크에 다다랐다는 시그널입니다. 이때는 모멘텀이 약해지거나 소멸하는 경우가 많습니다.

스토리의 소멸

스토리는 현재 기대실적에 못 미치더라도 1~2년 뒤 혹은 몇 년 뒤 실적 개선이 기대되는 것을 말합니다. 스토리는 일시적으로 형성되었다 사라지는 테마와는 구별됩니다. 그런데 기대가 커도 주변 상황이 달라지거나 다른 대체재가 등장하거나 실적이 기대에 못 미칠 것으로 판단되면 주가는 폭락합니다. 시장은 냉혹합니다. 우리는 이러한 사례를 많이 봤습니다. LED전구주, 일부 바이오주, 신재생에너지주 등입니다.

모멘텀 투자와 기술적 분석

실적 모멘텀 투자는 기본적 분석을 바탕으로 기술적 분석을 가미한 것입니다. 기술적 분석은 특히 모멘텀 투자에서 주가의 방향성을 판단할 때 좋은 보조 역할을 합니다. 또한 기술적 분석은 기본적 분석에 비해 분석 시간이 짧기 때문에 기술적 분석을 통해 유망 종목군을 선정하고 추후 기본적 분석으로 최종 투자 종목을 선정할 수 있습니다.

시장에는 많은 기술적 분석 방법이 있습니다. 이동평균선, MACD, RSI, 스토캐스틱, 일목균형표 등이 일반적으로 많이 활용되는 기술적 분석입니다. 기술적 분석이 사라지지 않는 것은 그 유용성이 아직도 지지를 받고 있다는 반증입니다. 반면 어느 방법도 사람들에게 어필되지 못하는 것은 유용성이 압도적이지 못한 것을 말해줍니다. 어떤 기술적 분석을 이용해 몇 번 맞추게 되면 남들이 모르는 진리를 혼자만 알고 있는 듯 하지만 곧 한계에 봉착하게 됩니다. 그래도 주식시장의 움직임에서는 기술적 분석을 적용할 수 있는 패턴들이 있습니다. 지지, 저항, 돌파, 이탈, 추세 등의 기본적 개념은 매매에 많은 도움을 줍니다.

기술적 분석을 통해 알고자 하는 것은 2가지입니다. 하나는 관심 종목의 현재 추세를 파악하는 것이고 다른 하나는 모멘텀의 생성, 강도, 소멸 등을 확인하는 것입니다. 이러한 것을 파악하는 데는 이동평균선만 잘 활용해도 충분합니다. 추세는 강한 상승, 약한 상승, 강한 하락, 약한 하락 그리고 횡보 등으로 나뉩니다. 추세는 단순히 그래프 모양만으로도 분류할 수 있습니다. 문제는 추세의 지속성입니다. 우리는 상승하며 전고점을 계속 돌파하는 것을 상승 추세라 합니다. 상승 추세가 5일 이동평균선 혹은 20일 이동평균선을 거의 하향 이탈하지 않고 상승하는 모양을 강한 상승이라 할 수 있습니다. 그 상승세가 다소 약해져도 20일 이동평균선 혹은 60일 이동평균선을 지키며 상승하는 모양을 약한 상승이라고 합니다. 상승 추세가 이어질 때 상당 기간 전고점을 뚫지 못하고 횡보할 때가 있습니다. 이때 고점을 뚫지 못하더라도 새로운 저점이 3개 이상 생길 때까지는 섣불리 모멘텀이 소멸했다고 판단하지 않는 것이 좋습니다. 강한 상승을 할 때는 20일 이동평균선을 이탈하지 않습니다. 그러나 강한 상승에서 약한 상승으로 전환되면 20일 이동평균선을 이탈하며 60일 이동평균선까지 조정 받는 경우가 있습니다. 보통 상승세가 오랫동안 이어진 종목이 60일 이동평균선에 2번 닿으면 모멘텀 소멸이 의심된다고 판단하고 기업의 실적과 밸류에이션을 다시 조사해 의사 결정을 내립니다.

하락 추세의 모양도 마찬가지입니다. 상승 추세의 모양을 역으로 해석하면 됩니다. 단, 하락 패턴에서 3개 이상 전고점을 돌파하지 못하면 보통 추세가 전환됐다고 속단하지 않는 것이 좋습니다. 대부분 종목은 '상승 → (조정) → 하락 → (조정) → 상승' 과정을 반복합니다. 어떤 종목은 조정 국면이 생략되기도 합니다. 새로운 이벤트가 발생하지 않는 한 추세가 정해지면 보통 오랜 기간 한 방향으로 진행됩니다. 또 모멘텀을 잃어버린 종목 중에는 지속적인 하락으로 인해 시장에서 사라지는 종목도 있습니다.

여기서 실적 모멘텀 투자는 대부분 상승 추세에서의 투자만을 말합니다. 이동평균선을 이용할지 아니면 다른 기술적 분석 방법을 이용할지는 중요하지 않습니다. 본인에게 편한 방법을 사용 추세와 모멘텀 강도에 맞게 사용하면 됩니다. 기술적 분석을 통해 놓치고 있는 것을 다시 보고 한편으로는 새로운 보석을 발견할 수 있는 기회를 얻을 수 있습니다. 주의할 점은 기술적 분석도 어떻게 해석을 하느냐에 따라 판단이 다르며 그 판단이 틀리는 경우도 많다는 것입니다. 기술적 분석에 너무 의존하면 기본적 분석에서 말해주는 것을 놓칠 수 있습니다. 실적 모멘텀 투자에서 기술적 분석은 기본적 분석을 보완하는 역할로 한정해야 합니다.

삼성전기의 주봉을 보면 실적에 따라 모멘텀 소멸, 하락 후 대기, 다시 모멘텀 지속형으로 전환, 상승 후 모멘텀 대기, 재상승 후 밸류에이션 부담으로 모멘텀 소멸 등이 지난 몇 년간 반복됐습니다. 2012년 이후부터 실적 악화로 하락 추세를 지속하다 저PBR 구간에 들어오면서 모멘텀

삼성전기

대기형 종목으로 전환한 후 2017년 이후 다시 실적이 크게 좋아지면서 주가가 1년 반 동안 3배 넘게 상승했습니다. 상승 기간 동안 주가는 20일 이동평균선을 하회한 적이 거의 없었으며 하회했더라도 60일선을 지키며 재상승했습니다. 그러나 이익 성장률이 둔화되고 밸류에이션 부담과 함께 주가가 하락하며 다시 모멘텀 부재형으로 전환됐습니다. 삼성전기를 지속적으로 관찰해 실적 모멘텀 투자를 했더라면 비교적 좋은 성과를 얻었을 것입니다.

SK하이닉스의 경우, 기술적 분석이 잘 적용됐다고 보기 어렵습니다. 2017년에도 반도체 사이클의 고점 논란과 함께 일부 애널리스트의 투자의견 하향 조정이 있었습니다. 이때 주가가 60일 이동평균선을 여러 번 하회했으나 주가는 다시 강세 모드로 전환했습니다. 반면 2018년 두 번째 반도체 경기 고점 논란[2]이 한참 진행된 후 기술적 신호들이 매도 사

---

2 보통 경기나 실적 피크에 대한 두 번째 논란이 발생하면 모멘텀이 소멸될 가능성은 크다.

📊 SK하이닉스

인을 보냈습니다. 기본적 분석과 기술적 분석이 서로 다른 신호를 보낼
수도 있습니다. 어느 것이 더 유용한지는 중요하지 않습니다. 실적 모멘
텀 투자는 결국 기본적 분석을 중심으로 최종 의사 결정을 하는 것이니
기술적 분석은 참조만 하는 것이 바람직합니다.

시장의 흐름과
투자전략

주가 지수를 예측하기란 불가능합니다. 특히 시장의 바닥과 천정을 정확히 맞추는 일은 신의 영역입니다. 금번 상승장은 누가 정확히 예측했고 하락장은 누가 맞췄다는 기사를 가끔 접하지만 그 분들이 다음 시장을 또 예측했다는 기사를 본 적은 없습니다. 시장은 상승, 횡보, 하락 등 세 국면을 불규칙적으로 반복하며 움직입니다.

"지금은 세 국면 중 어느 국면에 있다고 생각하나요?"라고 물으면 많은 사람들이 비교적 자신 있게 대답합니다. 우리가 틀리는 경우는 공교롭게도 상승장이라고 대답했는데 상승장의 마지막 순간이었다든지 하락장이라고 했는데 하락장이 끝나고 있는 시점이었다든지 등 아주 한정적입니다.

📊 2000년 이후 코스피 월봉

　실제로 2000년부터 2018년까지 228개월 동안 월봉 기준으로 새로운 국면으로 전환되는 시점에 있을 확률은 약 5%에 불과했습니다. 2000년 이후 종합주가지수를 보면 약 60%는 횡보 또는 조정장, 약 20%는 강세장, 약 20%는 약세장으로 분류할 수 있습니다.[1] 한편 최근 10년간 지수를 보면 횡보 조정장이 압도적으로 많습니다. 금융위기 이후 시장이 안정되었고 한국시장이 과거에 비해 재평가를 받아 밸류에이션이 다소 상향되었기 때문입니다. 앞으로도 이와 같은 비율로 국면이 반복될지 알 수 없으나 주식시장이 좀 더 효율적으로 작동할수록, 실물 경제의 정체가 지속될수록 횡보 국면의 비중이 더 커질 가능성은 있습니다. 우리가 시장을 이기려면 기본적으로 지수가 박스권인 횡보장 전략을 취해야 합니다. 그러면서 약세장과 강세장에 대비해야 합니다. 그렇다면 국면별로 어떤 특징을 보이고 어떤 전략을 사용해야 할까요?

---

1 월봉이 전고점, 전저점을 20% 이상 상향 혹은 하향 돌파하면 전환 국면으로 인식한다.

	약세장		강세장	
	약세 하락장	하락후 조정	상승중 조정	강세 상승장
밸류에이션	저PER, 저PBR 적정가치보다 크게 하락하는 종목 속출	낮은 밸류에이션 상태가 지속	밸류에이션 부담 시작	고PER, 고PBR 일부 종목은 기존 밸류에이션을 상향 돌파
수급	외국인 매도 후 매수 개인 매수 후 매도	특징 없음	외국인 매수 지속 개인 매도	외국인 매수 후 매도 개인 매도 후 매수
투자심리	실망, 좌절, 공포	회의, 무관심, 지루함	불안과 낙관 공존	낙관, 과열, 흥분
기술적 특징	이동평균선 역배열	이동평균선들이 꼬여 있음	주가가 60일선은 거의 이탈하지 않음	이동평균선 정배열
특징주	없음	소형주 혹은 가치주		대장주가 시장을 주도
거래량	대량 거래 후 급속히 감소	거래량 바닥권까지 감소	감소하나 간헐적으로 대량거래	거래량 최고치 경신
IPO	급속히 감소, IPO 취소	매우 적음	물량 서서히 증가	상장 러쉬

약세 하락장 전략, 현금이 최고

하락장에는 가급적 주식투자를 하지 않는 것이 정답입니다. 또 약세 국면에는 섣불리 시장에 참여하지 말아야 합니다. 그런데 문제는 강세장에서 매도 타이밍을 놓쳤거나 강세장 끝물에 들어와 손실을 떠안고 있는 경우입니다. 만일 이익을 본 상태라면 매도 타이밍을 놓쳤더라도 욕심 내지 않고 이익 실현을 하면 됩니다. 강세장 막판에 밸류에이션 부담을 안고 매수했거나 소위 묻지마 투자를 한 경우 손절매 외에는 정답이 없습니다. 이미 30% 하락했거나 심지어 주가가 반 토막 났는데 어떻게 손절매를 하느냐고 반문하는 분도 많습니다. 참 대답하기 난감합니다.

종목마다 다르겠지만 이때는 어쩔 수 없이 보유하라고 말합니다. 첫 단추를 잘못 끼웠다면 어쩔 도리가 없습니다. 이런 분들은 투자원칙이 없는 경우가 대부분입니다. 앞으로 주식시장에 참여하지 않거나 실패를 반면교사로 삼아 다시 시작해야 합니다.

하락장은 보통 1년 이상 지속됩니다. 이때는 돈을 벌 수 있는 가능성이 거의 없으므로 쉬는 것이 최고의 전략입니다. 조금 손실을 보더라도 손절매하고 다음을 기약해야 합니다. 그렇다고 시장을 떠나서는 곤란합니다. 바닥은 알 수 없으나 관심 종목을 계속 모니터링해야 합니다.

한편 시장은 우리의 예측을 벗어나 크게 폭락하기도 합니다. 1998년 외환위기 그리고 2008년 금융위기 등이 대표 사례입니다. 주식투자를 하는 분이라면 일생에 몇 번 오지 않을 기회입니다. 대부분 공포감에 어쩔 줄 모르다가 반등을 그냥 바라만 보고 기회를 놓칩니다. 기회는 준비된 사람만 누릴 수 있습니다. 외환위기 때 크게 성공한 사람이 바로 M증권사의 P회장입니다. 당시 증권사 지점장이었던 그는 시장이 준 기회를 멋지게 잡고 국내 1위 증권사 오너가 되었습니다. 금융위기 당시에는 운용사를 설립한 증권인들이 크게 성공했습니다. 랩(Wrap)시장이 커지고 높은 수익률을 내면서 큰 부를 형성했습니다.

당시 상황을 이용해 성공한 사례는 많습니다. 이런 상황이 언제 올지 우리는 알 수 없습니다. 예측이 불가능합니다. 당장 몇 개월 뒤에 올 수도 있습니다. 만약 이러한 상황이 오면 어떻게 해야 할까요? 3가지가 필요합니다. 첫째, 현금이 필요합니다. 좋은 기회가 생겼는데 현금이 주식에 다 물려 있다면 기회를 잡을 수 없습니다. 둘째, 시장 밸류에이션을 믿어야 합니다. 폭락장이 오면 누구나 겁을 먹고 공포감에 사로 잡힙니다. 그러나 과거 폭락장에도 시장 PBR은 0.8 이하로 내려간 적이 거의 없습니다. 증권사마다 나오는 시장 PBR 자료는 조금씩 다르지만 PBR 0.8배 수준은 지수가 1,750pt 근처로 추측됩니다. 그리고 마지막으로 필요한 것은 배짱입니다. 현금과 이론적 지식을 가지고 있더라도 배짱이 없으면 무의미합니다. 하락장은 누구에게나 힘듭니다. 공포스럽지만 현금을 가지고 시장에 머물러야 합니다. 그래야 기회를 만들 수 있습니다.

하락 후 조정장 전략, 박스권 트레이딩

과거에는 하락장이 끝나면 얼마 지나지 않아 곧바로 V자 반등이 많았습니다. 그러나 금융위기 이후로는 약세장에서 바로 강세장으로 전환되지 않고 박스권을 유지하는 횡보 조정장이 길어지고 있습니다. 물론 이는 우리나라 시장이 효율적으로 변했기 때문이기도 하지만 한편으로는 상승 모멘텀이 부족하기 때문입니다. 이러한 국면에서도 우리는 전략적으로 대안을 선택해야 합니다.

첫째, 박스권을 보이는 종목이 많기 때문에 아는 종목들 중심으로 트레이딩이 가능합니다. 기업들의 밸류에이션은 매력적이나 강한 모멘텀이 없기 때문에 상승이 제한적입니다. 이때는 또 기업들이 밸류에이션 함정

(Valuation Trap)²에 있는 경우가 많으므로 섣불리 추격 매수는 자제해야 합니다.

둘째, 가치투자자라면 평소에 눈여겨보던 종목들을 싸게 살 기회를 얻을 수 있습니다. 대부분 PBR이 낮은 종목들입니다. 이러한 종목들은 하락장이 마감되고 조정이 시작된 초창기에 많이 발견됩니다. 비록 지수는 횡보하지만 시간이 지나면 지수와는 별개로 바닥에서 10~20% 이상 상승합니다. 하지만 실적 모멘텀이 없는 경우가 많기 때문에 바닥 탈출 후 큰 움직임이 없는 경우가 많습니다. 투자자에게 오랜 인내를 요구하는 종목들이 대부분입니다. 박스권 고점에서 섣불리 매수하거나 반등이 시작된다고 확신에 차서 매수하면 오랫동안 고생할 수 있습니다.

셋째, 개별 종목에서 기회를 찾을 수 있습니다. 일부 종목들은 몇 배씩 상승하기도 합니다. 금융위기 후 시장이 6년간 박스권에 갇혀 있을 때 아모레퍼시픽 등 화장품 관련주와 한미약품 등 제약, 바이오 종목들은 실적과 산업의 성장성을 바탕으로 몇 배씩 상승했습니다. 이러한 시기에는 현금 비중을 가급적 50% 정도는 유지하는 것이 좋습니다. 그리고 매수 기회는 여러 번 오기 때문에 서두를 이유가 없습니다.

---

2 주가 하락으로 현재 주가가 저렴해 보이나 향후 실적을 감안하면 실제로 싸지 않다. 밸류에이션 함정에 빠지면 투자자들은 단기적인 관점에서 하락이 매수 기회라고 착각한다.

강세장 전략, 달리는 대장주에 올라타라

개인투자자가 주식시장에서 돈을 버는 방법은 강세장에서 짧게 투자하고 수익이 나면 빨리 시장을 떠나는 것이라고 말하는 전문가도 있습니다. 물론 이 말에는 개인투자자가 주식시장에서 돈을 벌기가 어렵다는 전제를 깔고 있으나 한편으로 강세장에서는 상대적으로 돈을 벌기가 쉽다는 것을 의미합니다. 강세장은 어떤 특징이 있을까요? 경기가 호조를 보이고 실적이 크게 개선되며 외국인과 기관들의 강한 매수세가 이어지고, 좋은 뉴스도 많이 나와 투자심리가 크게 개선됩니다. 미래에 대해

주식시장 국면별 주도주

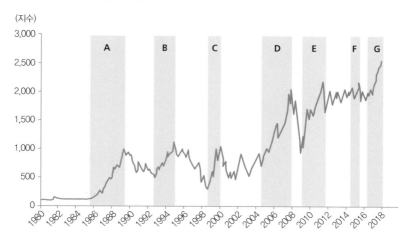

A	B	C	D	E	F	G	향후
금융 무역 건설	저PER	통신 IT	조선 철강 금융	자동차 화학 정유	화장품 바이오 제약	반도체 은행	?

낙관적 시각이 만연하면서 과열 기미도 보입니다. 기술적으로도 이동평균선들이 정배열되고 고점을 계속 경신하는 종목들이 많아집니다. 그렇지만 무엇보다도 강력한 시장 주도주가 있다는 것이 큰 특징입니다. 주식투자를 어느 기간 경험해본 분들이라면 '차화정'이라는 단어에 익숙할 것입니다. 자동차주, 화학주, 정유주를 줄인 말입니다.

2008년 금융위기 이후 상승장에서 시장을 주도하던 종목군을 일컫는 말입니다. 현대차, 롯데케미칼, S-OIL 같은 종목들이 대표적입니다. 이들은 지수가 2배 오를 때 상승률이 5~8배에 달했습니다. 이 기간뿐 아니라 다른 상승장에서 시장을 이끈 놀라운 종목들이 있었습니다. 특징을 살펴보면 대부분 대형 우량주이고 실적이 크게 개선되며 외국인 투자 비중이 늘어납니다. 한편 주도주 가운데 삼성전자를 제외하고는 그다음 상승장에서 다시 주도주로 부각된 경우는 거의 없었으며 주도주 당시의 최고가를 경신한 경우도 거의 없습니다. 상승장에서 주가 상승을 견인하는 종목 하나만 잘 발굴해서 몇 개월 보유했더라도 높은 수익률을 얻었을 것입니다.

주도주보다 상승률이 더 높은 종목들도 있었습니다. 그런데 중요한 것은 매번 상승장에서 대박 종목을 중간에 팔아버리는 실수를 범한다는 것입니다. 필자가 실패를 통해 내린 결론은 '시장 주도주를 발굴하고 수익률을 최대한 향유한다는 것은 정말 어렵다'입니다. 강세장에서는 밸류에이션을 상회하는 오버슈팅이 많으나 어느 정도 이익이 나면 투자심리가 흔들리고 또한 초기에는 이것이 상승장 전환인지 아니면 일시적 상승인지도 알기 어렵기 때문입니다.

그래서 생각한 차선의 방법이 333 매매입니다. 실적 모멘텀이 있는 종목 3개를 3번에 걸쳐서 사고, 팔 때도 3번에 나눠서 파는 방법입니다. 특히 약세장에서는 3번에 나눠서 사고 강세장에서는 3번에 나눠서 팝니다. 강세장에서 나눠서 팔 때 1차 매도는 기술적 지표에 의존하고 2차 매도는 밸류에이션에 의하며 3차 매도는 약세로 전환이 확인될 때까지 가지고 갑니다. 이렇게 하면 모든 수익을 얻지는 못할지라도 시장 상승률보다는 훨씬 큰 수익을 얻을 수 있습니다.

주식시장 흐름의 60% 이상은 횡보 조정장일 경우가 많습니다. 기본적으로 횡보장을 염두에 두면서 하락장과 상승장에 대비하는 것이 시장을 이기는 영리한 전략 중 하나입니다.

산업을 알아야
주가가 보인다

주식을 분석하는 방법은 크게 2가지가 있습니다. 하나는 거시경제분석을 통해 유망산업을 찾아낸 후 기본적 분석으로 투자할 기업을 찾아내는 탑다운 방식(Top-Down Approach)이고 다른 하나는 기업분석을 먼저하고 산업과 매크로 환경을 살펴보는 바텀업 방식(Bottom-Up Approach)입니다. 전문가들이 많이 사용하는 탑다운 방식은 개인이 적용하기에는 다소 무리가 있습니다. 개별 기업을 분석하기 위한 기본적 지식도 부족한데 전문가 영역이라 할 수 있는 경제상황을 분석하기는 더 어렵기 때문입니다. 또한 전문가들도 탑다운 방식에 한계를 표명하는 경우가 많습니다. 예측할 수 없는 증시나 경제를 전망하는 것에 힘을 쏟으니 차라리 그 시간에 기업분석을 하나라도 더 하겠다고 말한 펀드매니저도 있습니다. 그런데 어떤 방법을 사용하든지 꼭 간과하지 말아야 하는 것이 있습니다. 바로 '산업분석'입니다. 개인투자자들도 기업을 분석할 때 관련 산업분석도 같이하는 방식(Middle-Out Approach)을 사용하면 투자에 굉장히 유리합니다.

첫째, 산업 흐름을 빨리 파악하면 주식시장에서 유연히 대처할 수 있고 주도주 발굴에 매우 유리합니다. 철강, 화학, 건설 등 경기 관련주와 같이 주기적으로 부침하는 종목들은 산업분석만으로도 주가 흐름을 예측할 수 있습니다. 마찬가지로 제조, 서비스, 금융 등 전통적 산업은 호불황을 맞이하기 마련입니다. 유가, 1차 금속 등의 원자재 가격 같은 매크로변수에 따라 업황이 달라집니다. 참고로 2000년대 중반부터는 중국의 영향이 커지고 있어 중국의 수요에 따라 업황이 달라지기도 합니다.

둘째, 지금처럼 산업 변화가 몹시 빠른 시대에 세상을 변화시키는 종

📈 경기 관련 기업 사이클

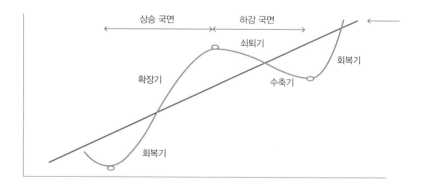

📊 카카오M

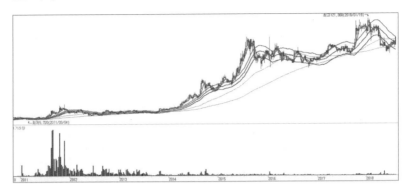

목을 발굴할 수 있습니다. 이런 종목을 발굴하면 엄청난 수익을 올릴 수 있죠. 개별 기업의 내재가치만으로 주식을 어느 가격에 매매해야 할지 고민될 때가 많습니다. 이럴 때 산업 흐름을 잘 알고 있으면 투자종목을 얼마 동안 보유할지 판단하는 데 많은 도움이 됩니다.

국내 최대 스트리밍 서비스로 유명한 멜론을 운영하고 있는 카카오 M[1] 차트를 보면 최근 몇 년간 주가가 20배 이상 상승한 것을 알 수 있습니다. CD에서 음원 및 스트리밍 서비스로의 변화를 눈치챘다면 이 흐름에 동참할 수 있었을 것입니다. 미국에서도 이와 유사한 산업의 주가가 엄청나게 상승했습니다. 바로 넷플릭스입니다. 넷플릭스의 등장으로 영화를 보는 방식이 많이 바뀌었습니다. 두 사례 모두 세상이 많이 바뀌

---

1 2016년 카카오로 인수된 로엔은 카카오M으로 사명을 변경한 후 2018년 9월 1일 카카오와 합병했다.

었음 보여줍니다. 우리는 이러한 기업을 킬러 애플리케이션(killer Applica-tion)이라고 부를 수 있습니다. 킬러 애플리케이션은 우리 주위에서 종종 발견됩니다. 바로 전기차와 바이오 산업 등입니다. 이들 산업에 속한 기업의 주가는 최근 들어 국내외적으로 많이 상승했습니다.

셋째, 산업을 잘 알면 같은 산업군에 속한 기업들을 선택할 때 경쟁력을 잘 파악할 수 있기 때문에 선택과 집중에 매우 도움이 됩니다. 일부 산업군의 경우 밸류체인(Value Chain) 흐름만 잘 파악해도 어느 업체가 큰 혜택을 보는지 파악할 수 있습니다. 참고로 밸류체인이란 원재료부터 중간재 및 최종재에 이르기까지 부가가치를 창출하는 일련의 과정, 우리말로는 가치사슬이라고 합니다. 최종재를 만들기까지 구성 요소들의 독립된 활동의 단순한 집합이 아닌 서로 관련성과 연계성을 지닌 활동들이 체계적으로 이뤄진다는 것입니다.

넷째, 산업분석을 하면 관련 ETF 혹은 ETN 투자에도 매우 유용합니다. 숲(산업)과 나무(종목)를 동시에 잘 보면 더 바랄 게 없으나 굳이 나무를 보지 않더라도 숲만 잘 봐도 좋은 수익률을 올릴 수 있습니다. 그러한 상품이 바로 산업 ETF, ETN입니다.

📊 산업 사이클

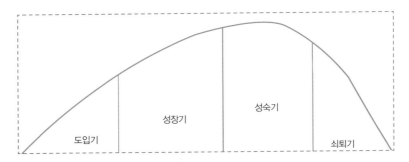

산업분석 방법

그럼 산업분석은 어떻게 할까요? 산업분석은 기업분석보다 상대적으로 쉽습니다. 트렌드를 파악하는 것은 회계 등 전문지식 없이도 가능하기 때문에 개별 기업을 분석하고 밸류에이션을 파악하는 과정을 거치는 기업분석보다 용이합니다. 과거에는 산업 자료가 부족하여 관련 협회 자료를 직접 찾아보든지 아니면 전문 서적을 보고 개별적으로 연구해야 하는 등 많은 시간이 소요됐습니다. 그러나 최근에는 많은 자료를 인터넷상에서 자유로이 이용할 수 있습니다.

산업분석에서 꼭 알아야 할 필수요소가 있습니다. 산업의 특징, 사이클, 진입장벽, 최근 동향 및 전망입니다. 산업 사이클은 일반적으로 도입기, 성장기, 성숙기, 쇠퇴기로 나눕니다. 특히 도입기에서 성장기로 넘어갈 때 주가 상승이 매우 큽니다. 무엇보다 산업별로 어떤 상황에서 주가가 많이 오르는지 파악하는 것이 가장 중요합니다. 예를 들면, 은행업은 예대마진이 확대추세로 전환되고 대출이 증가할 때 주가가 많이 상승합니다. 철강업은 원재료가 상승하는 시기와 주가가 상승하는 시기가 대체로 일치합니다. 산업별로 주가 등락에 영향을 주는 변수를 파악하는 것은 필수입니다. 이와 같이 산업의 특성과 주가와의 관계를 잘 파악하면 주식 선택에 있어 큰 도움이 됩니다.

배당투자
시대가 왔다

주식 수익의 원천은 시세차익과 배당이익입니다. 그동안 한국 주식시장에서는 배당이 주는 혜택을 간과했습니다. 그러나 최근 들어 배당투자에 대한 관심이 증가하고 있습니다. 가장 큰 이유는 주주 친화 정책의 일환으로 과거에 비해 높은 배당을 주는 기업들이 많아지고 있기 때문입니다. 순이익에서 배당금을 주는 비율인 배당성향이 과거에 비해 높아졌습니다. 개인투자자들도 배당에 대한 관심이 높아지고 기관투자자들도 공공연히 고배당을 요구하기도 합니다. 2012년 이후 거래소 기업들의 배당성향을 보면 2017년을 제외하고 매년 증가세를 보이고 있습니다. 보통 30%가 넘는 배당성향을 보이는 선진 시장보다는 낮지만 2018년에는 약 24%로 가장 높은 수치를 기록했습니다. 이러한 추세라면 몇 년 내에 우

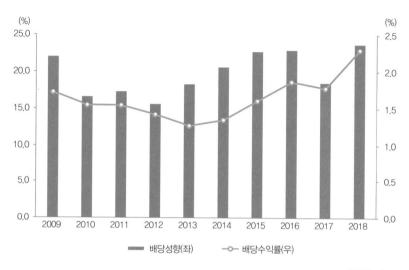

📊 거래소 시장 배당성향과 배당수익률

출처: Bloomberg

리나라 증시도 30%를 상회할 수 있을 것으로 기대됩니다.

또 하나의 이유는 저금리 장기화 때문입니다. 경제 침체로 당분간 금리 상승은 힘들 것으로 보입니다. 국고채 3년 금리가 2% 미만으로 지속되고 있는 요즘, 3% 이상 안정적 수익을 내기 어려운 상황입니다. 이러한 상황에서 코스피 배당수익률[1]이 2%를 훨씬 상회하고[2] 4% 이상 고배당을 하는 기업이 많아진 것도 배당투자의 매력을 높이는 요인입니다. 또한 주가가 조정을 받는 것도 배당투자에 유리합니다. 가격이 올라

---

1 배당수익률(%) = 배당금/주가×100(%)

2 2018년 배당수익률이 높아진 이유는 2017년 대비 기업의 배당성향은 높아졌는데 주가가 약 17% 낮아진 이유도 크다.

가면 배당수익률은 상대적으로 감소할 수밖에 없습니다. 횡보 박스권장에서는 안정적 수익률을 기대하므로 자연스럽게 배당투자에 대한 관심이 높아집니다. 미국시장에서는 배당수익률이 높은 기업에 투자해 시장보다 높은 수익률을 올린 사례가 많았습니다. 1990년대 제임스 오쇼너시(James O'Shaughnessy) 연구에서도 배당수익률이 가장 높은 기업이 다른 기업보다 연간수익률이 1.7% 높다고 보고했습니다. 한국시장에서도 높은 배당을 지속적으로 할 수 있는 기업이 실적도 좋기 때문에 이와 유사한 결과를 보일 것으로 예상할 수 있습니다.

우리가 배당수익률을 금리와 비교하는 이유는 배당수익률이 안정적으로 확보될 것이라는 기대 때문입니다. 하지만 이론적으로는 배당금이 지급되면 그 가치만큼 주가는 하락해야 합니다. 즉, 배당락만큼 주가가 떨어져야 하기 때문에 총투자수익률로 보면 수익률은 제로가 되는 것이 당연합니다. 참고로 배당락은 배당기준일이 지나 배당금을 받을 수 없는 상태를 말합니다. 예를 들면, 주가가 1만 원인 기업이 1,000원을 배당하면 주가는 9,000원이 돼야 합니다. 그러나 배당락으로 주가가 하락하지만 일정 기간이 지나면 배당락만큼의 주가를 회복하는 것을 많이 봤습니다. 물론 회복을 못하는 기업도 있습니다. 하지만 시장은 내부에 현금을 쌓아두고 투자를 안 하는 기업보다는 지장이 없는 범위에서 이익의 일정분을 주주에게 환원하는 기업에 큰 점수를 주고 있습니다. 일정액의 배당은 기업가치에 큰 영향을 주지 않는다고 판단하는 것입니다.

배당투자 시 주의점

배당투자라고 하면 다소 보수적으로 느껴집니다. 그러나 장기투자를 하면서 배당 받는 것은 투자의 정석을 따르는 느낌입니다. 그러나 배당투자 역시 몇 가지 주의점이 있습니다.

첫째, 주식투자는 시세차익이 우선입니다. 배당만을 위한 투자는 위험합니다. 주식이 배당락을 하고 나서 회복한다는 보장은 어디에도 없습니다. 배당락이 회복되기 위해서는 시장 분위기와 기업의 실적 전망이 중요합니다. 2017년 말 배당락 전 주가는 2,427pt였고 2018년 1월 29일 종합주가가 사상 최고치인 2,598pt를 기록했으니 1월 말 웬만한 종목은 배당락 전의 주가를 다 회복했을 것입니다. 만약 배당락 전에 주식을 사서 1월 중순에 팔았다면 배당과 시세차익으로 괜찮은 수익률을 올렸을 것입니다. 주식에 따라 다르겠지만 만약 주식을 팔지 않고 보유했다면 2월 이후부터는 대부분 주식이 배당을 감안해도 손해를 보고 있을 가능성이 큽니다. 2018년 말 종합주가지수가 1년 전 대비 17% 이상 하락했기 때문입니다.

예를 들어, 대표적인 고배당 종목인 KT를 2017년 12월 중에 샀다면 3만 원 초반에 매수했을 것입니다. 그 해 배당을 1,000원 했으니 배당수익률은 3%가 넘었습니다. 그러나 KT 주가는 1년이 지난 2018년 12월 말 비슷한 주가를 기록했을 뿐 1년 내내 배당 전 주가를 회복하지 못했습니다. 즉, 배당만 보고 투자하는 것은 나무(배당)만 보고 숲(이익 및 전망)을 보지 못할 우를 범할 수 있습니다. 투자의 기본은 기업의 기본적 가치를 보고 미래에 투자하는 것입니다. 배당금은 잘 투자한 기업이 주는 보너스라고 생각하는 것이 좋습니다.

둘째, 배당투자의 시기입니다. 보통 4/4분기부터 연말에 다가갈수록 각 증권사 자료나 신문에 연말 배당투자에 유망한 종목들이 소개됩니다. 물론 이런 자료도 도움이 되지만 주가는 이미 배당에 대한 기대감만큼 올라가 있을 가능성이 큽니다. 찬바람 불 때 배당투자를 하면 늦습니다. 배당으로 단기투자를 한다면 오히려 따뜻할 때 시작해서 추울 때 팔아야 합니다. 그리고 배당에는 세금이 부과됩니다. 소득세와 지방세를 합쳐 15.4% 정도입니다. 이자와 배당을 합쳐 금융소득이 2,000만 원을 넘기면 그 초과분에 대해 다시 금융소득종합과세가 부과되기 때문에 유의해야 합니다.

영리한 배당투자 전략

배당성향이 매년 같다면 순이익이 매년 늘어나는 기업은 배당을 늘릴 것입니다. 즉, 배당수익률은 높아질 가능성이 큽니다. 순이익이 늘어나는 기업이 배당성향도 늘린다면 이는 금상첨화입니다. 배당으로 수혜를 보려면 실적 전망도 좋으면서 배당성향이 계속 커지는 기업을 선택해야 합니다. 이런 기업들은 전년보다 더 많은 배당을 하기 때문에 주가가 높아져도 배당수익률이 일정하거나 더 높아지는 경향이 있습니다.

배당투자는 저금리, 박스권에서 특히 빛을 발합니다. 지금 같이 저금리가 고착화되면 배당수익률이 다른 금융상품 대비 상대적으로 높아집니다. 또한 박스권에서는 미래에 대한 불확실성으로 저PER, 저PBR 기업들이 많이 등장합니다. 이런 기업들은 주가의 추가 하락보다는 바닥권에서 장기 횡보하는 경우가 많은데 이 중 배당을 매년 안정적으로 하는 기업에 투자하면 어느 정도 안전마진을 확보할 수 있습니다.

장기투자자라면 배당금의 재투자를 적극적으로 고려해야 합니다. 미국의 경우, 실질 누적수익률의 상당분이 배당의 재투자에서 나온다는 연구 사례가 있습니다. 미국의 배당수익률은 보통 3%가 넘으므로 재투자하여 복리로 운용될 때 그 효과는 놀랍습니다. 개인투자자는 대부분 배당금이 나오면 쓰는 경우가 많습니다. 배당금을 빼서 다른 곳에 투자한다고 해도 주식보다 나은 수익률을 기대하기 어렵습니다. 오랫동안 우리나라의 배당수익률은 1%대에 불과했지만 2018년 2%를 넘었고 몇 년 뒤면 3%를 기대할 수 있을 겁니다. 이때면 배당금 재투자 수익률이 복리의 마법을 부릴 것입니다. 따라서 장기투자자라면 더욱더 재투자 전략을 적극 고려해야 합니다.

2016~2018년 배당성향이 높은 기업 리스트

순위	2018년	배당성향	2017년	배당성향	2016년	배당성향
1	에스원	82.09	웅진코웨이	71.21	웅진코웨이	96.33
2	웅진코웨이	74.18	제일기획	60.53	LG전자	94.81
3	현대차	70.57	에스원	58.97	삼성물산	84.56
4	한미사이언스	68.33	한온시스템	56.42	미래에셋대우	66.02
5	한온시스템	61.52	S-Oil	55.11	S-Oil	59.89
6	강원랜드	61.37	호텔신라	52.54	KCC	58.1
7	제일기획	60.12	삼성물산	51.57	포스코인터내셔널	51.18
8	KT&G	56.02	KT	51.41	NH투자증권	51.12
9	한전KPS	49.93	효성	51.09	두산	51.09
10	삼성카드	49.45	한전KPS	48.65	호텔신라	47.74
11	포스코인터내셔널	47.7	강원랜드	45.86	삼성카드	47.05
12	POSCO	47.32	KT&G	43.4	POSCO	46.94
13	삼성화재	45.67	NH투자증권	43.02	강원랜드	44.15
14	SK이노베이션	42.87	삼성카드	42.52	SK텔레콤	42.13
15	NH투자증권	41.74	한미사이언스	40.55	두산밥캣	41.54
16	GS리테일	41.5	삼성화재	40.38	한온시스템	41.11
17	유한양행	39.57	GS리테일	39.1	KT&G	36.93
18	KT	39.17	한국전력	39.05	효성	36.52
19	삼성증권	37.42	SK이노베이션	35.44	SK이노베이션	35.69
20	고려아연	36.86	삼성전기	35.12	롯데쇼핑	35.14

출처: Dataguide

21세기 최고의 금융상품 ETF

21세기 최고의 금융상품이라 불리는 ETF가 거래량이 늘며 활발히 매매되고 있습니다. ETF는 1993년 미국에서 처음 출시되었으며 우리나라에서는 2002년에 KODEX200이 상장되면서 처음 도입되었습니다. 국내 ETF 종목은 2018년 말 기준으로 모두 413개가 상장돼 있고 거래 규모가 일 평균 거래 대금의 20%를 넘어서고 있습니다. 이렇게 ETF 시장이 커진 이유는 투자 패러다임 변화가 중요한 역할을 했습니다. 간접 투자의 대명사로 자리 잡은 주식형 펀드가 벤치마크 지수를 이기는 확률이 현저히 떨어지기 때문입니다. 미국 시장에서도 2005년 이후 주식형 펀드의 평균 60% 이상이 벤치마크 지수를 이기지 못했습니다. 최소한 벤치마크 지수와 근접하고 거래 비용도 싼 ETF 수요가 급증하는 것

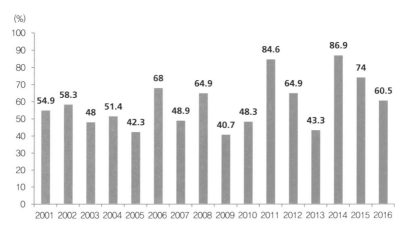

미국 주식형 펀드 중 벤치마크를 이기지 못한 비율

(%)

연도	비율
2001	54.9
2002	58.3
2003	48
2004	51.4
2005	42.3
2006	68
2007	48.9
2008	64.9
2009	40.7
2010	48.3
2011	84.6
2012	64.9
2013	43.3
2014	86.9
2015	74
2016	60.5

출처: 다우지수, SPIVA

은 당연합니다. 금융위기 등으로 시장의 리스크가 커지자 이러한 움직임은 더 가속화되었습니다.

ETF 상품은 대부분 코스피200 등 특정 주가지수 움직임을 추종하며 해당 지수가 상승 또는 하락하면 그 비율과 유사하게 가격이 상승, 하락합니다. 또한 지수뿐 아니라 원자재, 통화, 채권 등 다양한 곳에 투자할 수 있습니다. 한편 ETF와 유사한 상품으로 ETN이 있습니다. 상장지수채권이라고도 합니다. 증권사가 자기신용으로 발행하고, 투자자는 시장에서 ETN을 자유롭게 사고팔거나 만기까지 보유해도 무관합니다. ETN은 증권사 신용도를 기반으로 발행되어 발행 증권사의 파산 시 투자금 회수가 어렵다는 단점이 있기 때문에 유의해야 합니다.

ETF와 ETN 비교

구 분		ETN	ETF
발행자	주체	증권사	자산운용사
	신용위험	있음	없음(신탁재산으로 보관)
기초지수	구성 종목수	5종목 이상	10종목 이상
	자산운용제한	없음	있음

ETF 투자의 장점 5가지

ETF의 가장 큰 장점은 분산투자에 있습니다. 분산투자의 가장 큰 목적은 위험을 분산하는 것입니다. ETF는 한 종목을 사도 펀드와 유사한 분산투자 효과를 얻을 수 있습니다. ETF 중 주식형 ETF의 경우, 최소 10종목 이상으로 구성되어야 하며 단일종목의 비중도 30%를 초과할 수 없습니다. 대표적인 ETF인 KODEX200은 말 그대로 200종목으로 구성됩니다.

둘째, 유동성입니다. ETF는 펀드지만 주식시장에 상장돼 있습니다. 즉, ETF는 시장에서 자유롭게 사고팔 수 있습니다. 한편 거래가 많은 KODEX200은 하루 거래대금이 보통 1,500억 원을 넘으나 일부 ETF는 하루 거래량이 1,000주도 안 됩니다. 이렇듯 ETF는 종목수가 400개가 넘고 거래가 잘 안 되는 ETF도 있기 때문에 종목을 선택할 때 거래량도 잘 살펴봐야 유동성에 문제가 생기지 않습니다.

셋째, 지수뿐 아니라 원자재, 통화, 채권 등 다양한 곳에 투자할 수 있습니다. 또한 유망산업이 있다면 특정산업지수에 투자하면 되고 성장주,

소형주, 자산주 등 스타일별로 투자가 가능합니다.

넷째, 거래 비용이 저렴합니다. ETF도 펀드인 만큼 운용에 따른 보수가 발생합니다. 그렇지만 ETF의 평균 연 보수는 약 0.25%에 불과하고 국내 주식형펀드 평균 보수 0.86%에 비하면 매우 저렴합니다. 또한 ETF는 증권거래세가 면제돼 거래 비용 또한 주식에 비해 저렴합니다. 만약 수수료를 받지 않는 증권사와 거래한다면 거래 비용이 거의 제로인 것입니다. 단, 매매차익에 대해서는 국내 주식형을 제외하고는 15.4% 배당소득세를 내야 합니다.

다섯째, 운용의 투명성입니다. 일반 펀드가 분기별로 운용보고서를 작성하는데 반해 ETF는 일별 납부자산 구성내역을 통해 어떤 자산에 돈이 들어가는지 매일 투명하게 공개됩니다.

ETF 투자 시 유의점

지수를 추종하는 ETF는 말 그대로 지수수익률을 추종하지 지수수익률과 일치하지 않습니다. 예를 들어 레버리지 ETF의 경우, 지수는 10% 올랐지만 상승률은 20%에 미치지 못하는 경우가 많습니다. 또한 펀드 운용수수료가 빠져나가므로 그만큼 현재가치는 하락합니다. ETF는 펀드이므로 매매 차익에 대한 배당소득세가 부과됩니다.[1] 그러나 국내시장 ETF, 국내섹터 ETF 같이 기초자산이 국내 주식일 경우, 배당소득세

---

1 ETF 매매 차익과 ETF 보유기간에 상승한 과세표준 가격의 증가분을 비교하여 적은 금액에 15.4%(배당소득세 14%, 지방소득세 1.4%) 과세한다.

를 면제하고 거래세도 면제되기 때문에 비용 측면에서 국내 주식투자보다 더 유리합니다. 단, 기초자산이 해외주식, 채권, 원자재, 레버리지, 인버스 ETF일 경우 배당소득세를 부과합니다. ETF에도 주식의 배당금과 유사한 분배금이 있습니다. 분배금은 ETF, ETN의 기초자산에서 나오는 배당금을 투자자에게 분배금으로 지급합니다.[2] 또한 주식 배당락처럼 분배락이 이뤄집니다.

ETF를 이용한 다양한 투자전략

우리는 ETF를 활용해 다양한 투자전략을 세울 수 있습니다. ETF 단일 투자, ETF 주식 혼합투자, ETF를 활용한 자산배분 등입니다. 우선 시장의 방향성에 투자하는 것입니다. 시장의 바닥과 꼭대기를 예측하는 것은 어렵지만 현재 시장을 진단하는 것은 가능합니다. 상승장에서는 KODEX200 등 시장을 대표하는 상품 및 레버리지 상품에 투자하고 하락장에서는 인버스 상품에 투자합니다. 횡보권도 짧은 상승, 하락이 반복되므로 이와 유사한 전략을 사용할 수 있습니다. 그러나 진폭이 작고 ETF의 변동폭도 작으므로 횡보권에서는 지수형 ETF 매매가 쉽지 않습니다.

우리나라 시장의 큰 흐름은 우상향입니다. 약세 하락장은 전체 흐름의 20% 미만입니다. 따라서 인버스 ETF는 대세 하락기에 비교적 짧은

---

2 주식형 ETF 분배금 기준일은 1, 4, 7, 10, 12월 마지막 거래일이고 ETN은 3, 6, 9, 12월이다. 이는 결산시기가 다르기 때문이다. 지급일은 기준일부터 7~10일 뒤이며, 이때 분배금은 배당소득세를 원천징수 후 지급한다.

기간 동안 투자하는 것이 바람직합니다. 주로 ETF 전략으로 많이 사용되는 방법으로 핵심-위성(Core-Satellite)전략이 있습니다. 핵심 종목은 시장을 따라가는 ETF에 투자하고 시장보다 추가 수익률을 얻기 위해서는 개별 종목을 위성 종목으로 투자하는 것입니다.

예를 들면, KODEX200에 50%를 투자하고 삼성전자와 LG화학에 25%씩 투자하는 것입니다. 이익은 반감되나 투자 위험을 줄이는 데 큰 효과를 발휘합니다. 종목 배분 비율은 정해진 것은 없고 스스로 판단하면 됩니다. 핵심 종목인 지수 ETF는 50%를 넘는 것이 좋습니다.

또 하나의 유용한 전략이 섹터 ETF 투자입니다. 시장은 항상 주도 산업이 등장합니다. 수익률을 높이는 방법은 시장을 주도하는 산업의 핵심 종목을 사는 것입니다. 그러나 그 산업의 모든 종목들을 비교해 종목을 선정하기에는 시간과 노력이 많이 소모됩니다. 이때 유망한 산업의 ETF나 ETN에 투자하는 것은 훌륭한 대안이 될 수 있습니다. 최근 직전 상승장을 이끌었던 전기차, 바이오 ETF 등이 좋은 예입니다.

주요 ETF과 ETN

종목명		종목명	
국내 지수	KODEX 200	채권	KOSEF국고채10년레버리지
	KODEX 레버리지		KODEX국채선물10년
	KODEX 인버스		ARIRANG국채선물10년
	KOSEF 200		KODEX 단기채권
	TIGER 인버스		TIGER 국채3년
	KODEX 코스닥150 레버리지		KOSEF 국고채3년
해외 지수	TIGER 나스닥100	업종, 테마	KODEX 반도체
	TIGER 미국다우존스30		KODEX 증권
	KODEX 미국S&P500선물		KODEX 헬스케어
	KODEX China H		KODEX 에너지
	TIGER 차이나		KODEX IT 소재
	KODEX Japan		KODEX IT 하드웨어
	KINDEX 일본Nikkei225(H)		KODEX 바이오
	KODEX MSCI World		KODEX 가치투자
	TIGER 나스닥100		KODEX 배당성장
원자재 통화	KODEX WTI 원유선물		KODEX 삼성그룹
	TIGER 원유선물(H)		TIGER 2차전지테마
	삼성 레버리지 WTI 원유선물		TIGER 우선주
	KODEX 골드선물(H)		TIGER 미디어콘텐츠
	KINDEX 골드선물 레버리지		QV전기차테마 ETN
	KODEX 은선물(H)		QV미국ITTOP5 ETN
	KODEX 미국달러선물		삼성KTOP30 ETN

출처: 한국거래소

우량 소형주
투자의 매력

    대형주, 중형주, 소형주 등 이러한 분류에 대해 많이 들어보셨을 겁니다. 사이즈별 분류는 과거에는 자본금의 크기로 했으나 2003년부터 한국거래소에서는 시가총액을 기준[1]으로 분류하고 있습니다. 높은 순으로 1~100위까지는 대형주, 101~300위까지는 중형주, 나머지는 소형주로 분류합니다. 그러나 코스닥 분류 기준은 약간 다릅니다. 2019년 3월 기준 거래소 시가총액 300위면 약 4,000억~5,000억 원 규모입니다. SBS, 한화증권, 효성중공업 등 우리가 잘 알고 있고, 크다고 생각되는 기업들도 이 언저리에 많이 포진하고 있습니다. 통상 생각하는 소형주 개념과

---

[1] 기준 시가총액은 거래소 정기 변경일 이전 3개월간 일 평균 시가총액이다.

는 차이가 있습니다. 필자는 시가총액 2,000억 원 미만 기업을 소형주로 생각합니다.

장점과 단점

성공한 소형주 투자의 수익률은 5~10배로 상상을 초월합니다. 상승 기간도 1~2년에 불과합니다. 소형주 투자의 가장 큰 매력이 여기에 있습니다. 시가총액이 작은 기업은 주요 사업이 1~2개입니다. 따라서 기업을 이해하고 분석하기 쉽습니다. 중대형주는 영위하고 있는 사업이 다양하고 복잡해 이해하고 분석하는 데 많은 어려움이 있습니다. 시가총액이 작은 기업은 기관투자자의 관심을 받지 못하기 때문에 정보가 한정적입니다. 특정 기업에 대해 잘 알고 있다면 오히려 기관투자자보다 정보 우위에 있을 수 있습니다.

하지만 소형주는 수급이 안정적이지 않고 변동성이 커서 고점을 기록한 후에 급락하는 경우가 많습니다. 따라서 기업의 내용도 모르고 뒤늦게 매수했다가 큰 낭패를 보기도 합니다. 기본기가 부족한 분들에게 소형주 투자는 가급적 권유하지 않습니다. 저금리가 지속되는 요즘, 한계기업의 도산 뉴스가 많이 없는 편입니다. 금리가 올라가는 상황에서는 여지없이 한계기업들의 도산 뉴스가 들려왔습니다. 불황기에는 대기업도 도산할 수 있습니다. IMF 때 대우 그룹이 공중 분해되었으며 그 이후에도 STX그룹, IT에서 잘나가던 코스닥의 몇몇 기업들도 무너졌습니다. 하물며 역사가 짧고 내부통제 시스템도 잘 갖춰지지 않은 작은 기업들은 불황을 견디기 어렵습니다. 또한 경영자의 도덕적 해이가 있는 기업들도 있습니다. 이런 리스크들이 크기 때문에 소형주 투자는 특히 조심해야 합니다. 자신이 없으면 아예 쳐다보지 않는 것이 좋습니다. 기관투자자들도 시가총액이 일정 수준 미만이면 투자하지 않는 내부 규정이 있습니다. 증권사 리서치센터에서도 보통 시가총액 2,000억 미만이면 기업분석 커버리지(Coverage)로 다루지 않습니다.

다음 기업들을 보면 소형주의 장단점이 명확히 나타납니다. 첫 번째 사례의 포스코케미칼은 포스코 자회사로 전기차 배터리의 주요 부품인 음극재를 만드는 회사입니다. 향후 전기차 시장의 성장과 새로 진출한 양극재 사업으로 호조 지속이 예상됩니다. 주가는 이미 이러한 성장세와 전망을 반영하여 2년 사이 6배 이상 상승했습니다. 시가 총액도 3조 원이 훨씬 넘어 이미 대형주로 변신했습니다.

두 번째 사례인 대주전자재료는 전자제품에 들어가는 여러 전자부

📈 포스코케미칼

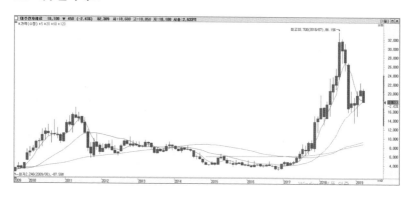

대주전자재료

품 및 재료를 공급하는 회사로 전기차 배터리에 들어가는 음극재 재료 공급업체로 부각되며 2017년 초 대비 주가가 한때 8배 이상 급등한 바 있습니다. 그러나 전체적인 시장 조정과 밸류에이션 부담이 맞물리면서 2019년 3월 말 기준 주가는 고점 대비 50% 정도 하락했습니다.

세 번째 사례인 삼목에스폼은 건축용 골조공사에 쓰이는 여러 거푸집을 제조하는 회사입니다. 주력 제품인 알루미늄 거푸집의 판매 증가로 부각되면서 2014년 이후 1년 반 만에 주가가 4,000원 초반에서 10배 가까이 상승했습니다. 그러나 2015년 중반 이후 지속적으로 하락한 후 2019년 3월 기준 1만 3,000원 대에서 횡보 추세를 보이고 있습니다.

소개된 세 기업 및 급등 소형주들의 주요 특징을 보면 급등 전 장기 횡보, 실적과 이어지는 테마나 스토리 존재, 실적 본격 개선, 상승 기간 중 외국인 및 기관 보유 비중 증가, 증권사들의 매수 추천 리포트 증가, 1~2년 사이 단기 급등, 급등 후 급격한 조정 등의 특징을 보입니다. 그

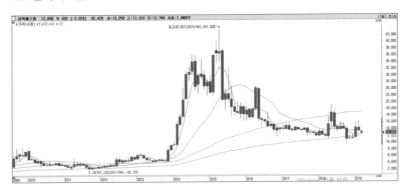

삼목에스폼

러나 지속적인 성장 스토리와 밸류에이션을 지탱할 실적이 없으면 대부분 상승세는 1~2년 후 소멸합니다.

소형주 투자 시 갖춰야 할 조건 3가지

소형주에 투자하기 위해서는 몇 가지 물음에 답할 수 있어야 합니다. 첫째, 재무제표를 읽을 능력이 있는가? 특히 재무상태표 분석을 통한 재무안정성 분석은 필수입니다. 부채비율이 높고 자본효율이 떨어지며 현금흐름이 나쁜 기업은 철저히 외면해야 합니다. 소형주는 분석자료가 없고, 있더라도 한두 개에 불과해 검증되지 않는 경우가 많습니다. 결국 모든 재무제표 분석을 본인이 할 수 있는 실력을 갖춰야 합니다.

둘째, 리스크 관리 능력이 있는가? 개인투자자의 경우, 여러 종목에 투자하는 것은 현실적으로 어렵습니다. 그렇다고 투자자금의 대부분을 소형주에 투자하는 것은 안 됩니다. 운 좋게 소형주 투자로 한두 번 재미를 보게 되면 점점 대담해지고 위험성을 간과하게 됩니다. 또한 소형주는 변동성이 크기 때문에 손절매도 쉽지 않습니다. 투자원칙은 무너지고 리스크 관리도 어려워집니다. 소형주 투자는 더욱 냉철한 원칙을 가지고 실행해야 합니다.

셋째, 투자하는 기업에 대해 잘 알고 있는가? 모든 주식투자에 가장 기본이 되는 원칙이지만 특히 소형주는 더 그렇습니다. 소형주 투자에 있어 가장 중요한 내용이기도 합니다. 대형주의 경우, 수많은 리포트가 시장에 나오고 누구도 정보 우위에 있기 어렵습니다. 기관투자자는 그들이 원할 때 기업 탐방도 수시로 갈 수 있고 증권사에서는 영업을 위해 경쟁적으로 그들에게 정보를 줍니다. 반면, 개인투자자는 시장에 나온 뉴스나 과거의 자료 등에 의존해야 합니다. 그래도 대형주는 전체 시장 분위기와 비슷하게 움직이기 때문에 위험도가 낮고 재무분석도 비교적 자유롭습니다. 하지만 소형주는 공식 자료가 없는 경우도 많습니다. 이는 위험과 기회를 동시에 제공합니다. 만약 아는 것도 없는 상태에서 단지 감각과 부실한 차트 분석, 신뢰할 수 없는 조언자 등에 의존한다면 운만 믿고 따라야 합니다. 반면, 투자하고자 하는 기업에 대한 정보를 잘 알고 있거나 그 기업에 대해 잘 아는 조언자가 있다면 좋은 기회를 잡을 수도 있습니다.

유용한 팁 5가지
몇 가지 기본기를 갖췄다 해도 소형주는 일반적인 주식투자에 비해 더욱 신중해야 합니다. 소형주 투자 시 유용한 팁을 소개합니다.

첫째, 선견(先見) 선사(先思) 선수(先手)입니다. 3선은 일반적으로 주식투자에 성공하기 위한 전략입니다. 남보다 먼저 예측하고, 먼저 분석해서, 먼저 투자해야 성공합니다. 이것은 소형주 투자에 있어서는 꼭 필요한 조건입니다. 어떠한 종목이 좋다는 이야기가 여러분의 귀에 들려왔을 때는 이미 늦은 경우가 많습니다. 기관투자자보다 먼저 발굴하고 기다린 후 증권사들이 기업 탐방을 시작하고 커버리지로 편입해 투자의견을 달기 시작할 때 오히려 매도할 준비를 해야 합니다. 그래야만 소형주 투자로 성공할 수 있습니다.

둘째, 조언자가 있어야 합니다. 소형주는 정보가 부족하고 수집하기도 어렵기 때문에 의견을 주고받을 수 있는 사람이 필요합니다. 그 사람이 전문가면 더욱 좋습니다. 기업 IR 담당자와 유선 소통은 필수입니다. 제한적 정보를 가지고 독단적으로 판단하면 실수할 가능성이 큽니다.

셋째, 성장 산업 중에서 기술력이 있는 기업 중심으로 투자해야 합니다. 최근 소형주 중 가장 많이 오른 산업은 전기차 부품과 바이오였습니다. 5G, AI, 자율주행차 등 앞으로 시장을 주도할 산업 중에서 선택과 집중을 해야 합니다. 이들 산업의 밸류체인을 잘 살펴보기 바랍니다.

한편, 자산운용사들 중에는 몇몇 소형주의 지분을 가지고 있는 경우가 있습니다. 대부분 소형 가치주인 경우가 많습니다. 주가 움직임이 아직 크지 않았을 경우, 소형 가치주에 관심을 가져보는 것도 좋은 요령이 될 수 있습니다.

넷째, 소형주일수록 분산투자해야 합니다. 정보의 비대칭으로 인해 생각치 못한 리스크와 마주할 수 있습니다. 또한 한 종목에 집중투자를 할 경우, 변동성이 큰 소형주 특성 때문에 고생할 수 있습니다. 아니다 싶으면 미련 두지 말고 당장 손을 떼야 합니다. 소형주는 보유 종목 리스트 중 1~2개 내외로 한정하는 것이 좋습니다.

다섯째, 경기가 침체될 때는 가급적 소형주 투자를 피해야 합니다. 우량 소형 기업도 많지만 작은 기업들은 자본력이 떨어지고 불황기에 경쟁력도 떨어집니다. 작은 기업일수록 재무안정성 및 현금흐름 분석은 필수입니다.

별 준비도 없이 선불리 소형주에 투자하면 손실을 만회하기 어려운 상황에 처할 수 있습니다. 반면 재무제표를 읽을 수 있고, 리스크 관리 능력이 있으며 기업에 대한 내용을 잘 알고 있다면 소형주는 대형 우량주보다 매력적입니다.

장기투자로
성공하고 싶다면

앞서 여러 번 말했지만, 장기투자는 참 어렵습니다. 장기투자에 성공하기 위해서는 기본적인 조건을 갖춰야 합니다. 기본적 분석 능력, 끈기 있게 관찰하는 지속성, 통찰력, 균형감각, 두둑한 배짱 등 여러 자질이 필요합니다. 기본 조건을 충족한다고 가정하고, 종목 선정에 있어 유용한 방법 몇 가지를 소개합니다.

우선 보스턴컨설팅그룹 매트릭스(BCG Matrix)[1]를 응용해 기업을 바라보면 좋은 시각을 가질 수 있습니다. 여기서는 기업의 성장성과 수익성

---

1 미국 보스턴컨설팅그룹이 1970년대에 개발한 기업 전략 수립에 기본적인 분석 도구다. 두 축을 기준으로 네 개의 영역으로 나눠 사업의 상대적 위치를 파악함으로써 해당 사업에 대한 추가 투자와 철수 여부 등을 결정할 수 있도록 돕는다.

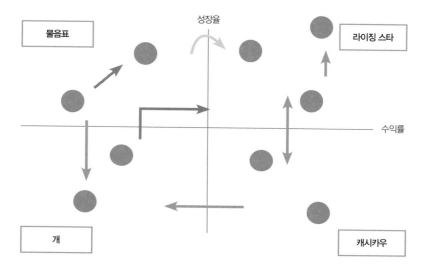

BCG 매트릭스 응용

물음표

성장율

라이징 스타

수익률

개

캐시카우

을 비교해 기업을 라이징 스타(Rising Star), 캐시카우(Cash Cow), 물음표 (Question Mark), 개(Dogs) 이렇게 4가지 형태로 구분합니다.

라이징 스타는 성장성과 수익성이 모두 좋은 기업으로 지금 전성기에 있거나 전성기에 들어가는 기업입니다. 시장을 이끄는 주도주 가운데 이런 기업을 많이 발견할 수 있습니다. 캐시카우는 성장성은 둔화되었으나 여전히 돈을 잘 벌고 있는 기업을 말합니다. 통신업체, 국영기업 및 저 PBR기업 등이 여기에 많이 속해 있습니다. 물음표는 성장성은 좋으나 아직 수익성이 떨어지는 기업입니다. 스타트업 기업이나 아직 정상 궤도에 오르지 못한 벤처기업 등이 여기에 속한다고 할 수 있습니다. 개는 사업이 침체기에 있거나 실패한 벤처기업, 한계기업 등입니다.

여러분이 투자하고 있거나 관심 있는 기업은 어디에 속해 있나요? 분류하기 애매한 기업을 제외하고는 4가지 종류 중 하나에 속할 것입니다. 그런데 중요한 것은 현재 어디에 있느냐가 아닙니다. 기업들이 어디로 움직이고 있느냐가 중요합니다. 필자가 이 방법을 통해서 발굴한 종목이 제일모직[2], 삼성SDI, 네이버였습니다.

과거 제일모직은 화학, 전자소재로 성장성이 커지고 있었음에도 저평가되고 있었습니다. 즉, 개(Dogs)로 분류되었습니다. 그러나 화학, 전자소재부문이 부각되면서 라이징 스타로 이동했습니다. 주가는 저점 대비 20배 이상 상승했습니다. 네이버도 2000년 초반 포탈기업으로 성장성은 눈에 띄었으나 수익성이 받쳐주지 못하고 있었습니다. 그러나 시장 점유율이 더 커지고 광고수입 등 수익성이 보강되면서 물음표에서 라이징 스타로 이동했습니다. 지금은 이익 성장성이 둔화되고 있으니 캐시카우로 분류할 수도 있습니다. 삼성SDI는 과거에는 오랫동안 캐시카우로 분류되었으나 수익성이 악화되면서 개로 분류될 처지에 놓였었습니다. 그러나 2차 전지 등 성장성이 부각되며 라이징 스타가 되었습니다.

이와 같이 지금 기업이 있는 위치가 중요한 것이 아니라 '앞으로 기업이 어디로 갈 것인가?'가 더 중요합니다 경험적으로는 물음표 기업이 라이징 스타로 향할 때 주가 상승폭이 가장 큽니다. 이 분석 방법을 활용하기 위해서는 산업에 대한 깊은 이해가 있어야 합니다.

---

2 삼성그룹의 계열사로 합성수지, 직물 및 의류 제조업체였으나 2014년 7월 화학·전자재료 부문이 삼성SDI에 흡수·합병되었다. 제일모직의 패션사업부를 인수한 삼성에버랜드가 2014년 7월 제일모직으로 사명을 변경했으나 2015년 9월 다시 삼성물산에 합병되었다.

또 하나는 세상을 변화시키는 산업에 투자해야 합니다. 우리는 최근 몇 년간 놀라운 변화를 경험했습니다. 영화와 음악을 스트리밍 서비스로 접하고 있으며 자율주행차가 가까운 시기에 도입될 것 같고 AI의 발달로 SF 영화에서나 등장했던 로봇이 등장할 날도 멀지 않은 것 같습니다. 인류는 편함과 빠름을 위해 세상을 끊임없이 변화시켰습니다. 변화의 속도는 더욱 빨라지고 있습니다. 장기투자를 위해서는 이러한 산업군에 눈과 귀를 열어야 합니다. BCG 매트릭스 측면에서 보면 물음표에서 라이징 스타로 이동하는 산업 및 기업들이라 할 수 있습니다. 성숙산업이 몰려 있는 구경제(Old Economy) 산업보다는 성장산업이 몰려 있는 신경제(New Economy) 산업에 관심을 더 가져야 하는 이유입니다. 음원 스트리밍 서비스, 전기차, 바이오 관련주들은 이미 주가가 많이 상승했고 그 중 몇몇 기업들은 앞으로 실적에 따라 더 상승할 여지가 있습니다. 국내에서는 5G와 수소차 부품 관련 기업들이 일부 눈에 띄나 아쉬운 점은 세상을 변화시키는 주력 산업에 한국기업이 잘 안 보인다는 것입니다. 이러한 점은 해외주식 특히 미국 시장에 관심을 가져야 하는 이유이기도 합니다. 차량 공유서비스, 의료 로봇, 빅데이터 분석, AI용 CPU 생산 기업들에 장기적으로 관심을 가져야 합니다.

저PBR 종목 중 배당수익률이 높은 기업들은 장기투자를 고려해도 좋습니다. 대부분 저PBR 종목들은 성장이 정체되어 있으나 아직 고수익을 올리는 기업들이 많이 있습니다. 저PBR 종목은 비교적 안전마진이 확보되어 있다고 할 수 있습니다. 과거에는 배당수익률이 세금을 빼면 1% 정도에 머물렀습니다. 하지만 2018년 거래소 기업들의 평균 배당수익률이 2%를 상회했고, 이러한 추세는 기업의 친주주정책 선회, 스튜어드십 코드 실행 등 앞으로 더 강화될 가능성이 큽니다.

필자는 액티브펀드를 이용한 장기투자에는 다소 회의적입니다. 액티브펀드 수익률이 인덱스펀드보다 하회할 가능성이 높고 이미 2010년 이후 액티브펀드 평균수익률이 별로 좋지 않기 때문입니다. 또한 지수가 박스권일 때는 적립식펀드는 더욱 회의적입니다. 하지만 적립식펀드의 투자기간을 임의 적립식으로 바꾼다면 승산은 매우 높습니다. 우리나라 시장은 철저히 밸류에이션에 의해 지배되는 시장입니다. 따라서 특정 밸류에이션 구간에서 임의로 펀드에 가입한다면 좋은 누적 수익률을 거둘 수 있습니다. 예를 들면, 시장 PER이 10배 이하에서만 인덱스펀드에 투자하고, PBR이 0.9배 이하에서는 투자금액을 더 늘리는 전략입니다. 시장 PER이 10배가 넘으면 당연히 투자를 멈춥니다. 우리나라 시장의 밸류에이션이 재평가된다면 투자구간을 다시 설정합니다. 이와 같은 방법을 펀드의 장기투자에 활용하면 지수보다 훨씬 상회하는 수익률을 올릴 수 있습니다. 시장이 끊임없이 상승하면 이 방법은 효과가 없을 수도 있지만 최근 주가흐름을 볼 때 강세장으로 변할 가능성은 작습니다.

세계는 넓고
좋은 주식도 많다

해외주식에 투자해야 하는 이유

최근 몇 년 사이 해외주식 시장의 거래대금이 폭발적으로 늘었습니다. 지수가 갇힌 국내시장에서는 수익을 내기 어려운 반면, 지속적으로 성장하는 해외시장은 수익을 내기 수월해 보입니다. 또한 해외여행, 유학, 직구 등으로 해외주식에 대한 부담감이 과거에 비해 줄었습니다.

2018년 말 기준, 일 평균 거래대금 10조 원이 넘는 국내시장과 비교하면 해외주식의 일 평균 개인 거래대금은 약 1,500억 원 수준으로 아직 규모가 미약한 실정입니다. 하지만 매년 50%가 넘는 성장세를 감안하면 2021년 거래대금은 3배 이상 성장할 것으로 예상됩니다.

해외시장은 90% 이상이 미국, 중국, 일본 3개국에 집중되어 있고 이

코스피와 다우 지수

(1990.1=100)

출처: Bloomberg

범례: 코스피 지수 / 다우 지수

중 미국 비중이 가장 큽니다. 2018년 기준 해외시장 전체 거래대금의 약 68%가 미국에서 발생했습니다. 중국시장이 개방된 첫해인 2015년에는 중국 비중이 전체의 50%를 넘어설 때도 있었지만 중국시장은 침체되고 있는 반면, 미국시장은 성장이 지속되고 있어 이와 같은 비중은 당분간 유지될 것으로 보입니다.

미국시장에 투자해야 하는 이유

해외주식은 당연히 미국을 중심으로 투자해야 합니다. 그 이유는 다음과 같습니다. 첫째, 투자수익률이 월등합니다. 글로벌 금융위기 이후 미국 기업의 성장세와 수익성은 다른 나라에 비해 훨씬 두드러졌습니다.

이는 주가에도 잘 나타납니다. 금융위기 이후 국내 주가는 2배 정도 상승 후 횡보를 보이고 있지만 미국 주가는 4배 이상 상승했습니다. 뿐만 아니라 1990년 1월 기준으로 한국 주가는 29년 동안 2배 조금 넘게 오른 수준이나 미국은 8배 올랐습니다. 이러한 점은 미국 주식이 장기투자에도 유리하다는 것을 보여줍니다.

둘째, 우리가 잘 알고 있는 우량 글로벌 기업이 미국시장에 상장되어 있습니다. 최근 미국시장을 견인하고 있는 페이스북, 애플, 아마존, 넷플릭스, 구글 등 이른바 'FAANG' 주식이 있습니다. 뿐만 아니라 보잉, 엑손모빌, 코카콜라, GE, IBM, 인텔, 존슨&존슨, 마이크로소프트, 나이키, 듀폰, 월트 디즈니 등은 이름만 들어도 너무나 유명한 우량 기업입니다. 미국시장에는 소니, BMW 등 세계 각국의 초우량기업들이 ADR 형태로 상장되어 있습니다. 이들 기업은 재무안정성 등 리스크가 거의 없어 재무제표 분석보다 산업의 큰 트렌드를 잘 알고 있다면 투자 가능

📈 아마존 닷컴

한 기업들입니다.

셋째, 미국은 4차 산업의 주도국입니다. 미국은 한때 해가 저무는 나라도 인식되기도 했습니다. 재정 및 무역적자가 심화되고 제조업의 경쟁력이 약화돼 1990년대 미국의 분위기는 어두웠습니다. 주가지수의 상승폭도 축소됐습니다. 하지만 오늘날 미국은 전 세계 산업 트렌드를 주도하며 화려하게 부활했습니다. 4차 산업 혁명을 주도하며 전 세계를 이끌고 있습니다. 국내에서는 4차 산업 관련 종목을 찾기 어렵습니다. 4차 산업의 수혜주는 대부분 미국에 있습니다. 미국시장에 주목해야 하는 가장 큰 이유입니다.

넷째, 미국시장의 투명성과 안정성입니다. 미국시장은 전 세계의 중심이고 투명하게 운영됩니다. 회계제도의 투명성과 주주 친화적 경영구조로 오너 리스크에서도 비교적 자유롭고 배당성향도 높습니다. 반면, 중국시장은 안정성과 투명성, 회계제도의 신뢰도가 미국에 비해 많이 떨어집니다. 중국시장의 투자는 미국시장보다 훨씬 신중해야 합니다.

다섯째, 미국은 전 세계 주식시장 시가총액의 50% 이상을 차지하고 있습니다. 따라서 미국시장에 투자한다는 것은 글로벌 시장의 투자를 의미하고 자연스럽게 자산 배분의 기능을 합니다. 참고로 일본은 글로벌 시장 대비 시가총액이 8% 대이고 중국은 3% 정도에 불과합니다. 우리나라는 2%에 조금 못 미칩니다.

여섯째, 미국주식은 배당투자가 가능한 종목들이 많습니다. 배당수익률도 높고 주가가 올라도 시가 배당률을 유지하는 기업이 많이 있습니다. AT&T, 파이자, 엑손모빌 등 우리에게 잘 알려진 기업이 대표적입니다. 또한 우리나라 기업은 대부분 1년에 1번씩 배당을 하나 미국에는 1년에 4번씩 배당금을 지급하는 회사가 많습니다. 주식 포트폴리오를 잘 구성하면 매달 배당을 받을 수도 있습니다.

물론 중국, 일본에도 주목할 기업들이 많이 있습니다. 화장품 기업인 시세이도, 유니클로로 잘 알려진 패스트리테일링, 중국 최대 항암제 제조기업인 항서제약, 전기차 배터리업체인 CATL 등이 대표적입니다.

해외주식은 국내주식에 비해 리스크가 많습니다. 환율 위험에 노출되며 양도세 등 세금 부담도 있고 거래 비용도 높습니다. 그럼에도 불구하고 해외주식에 관심을 가져야 하는 이유는 단순합니다. 국내시장보다 해외시장이 더 유망하고 기대수익률이 더 높기 때문입니다. 우리는 해외시장에 지속적으로 관심을 가져야 합니다. 해외시장에는 세상을 변화시키는 매력적인 종목들이 너무도 많습니다.

매매 순서가
중요하다

주식 매매 시 흔히 저지르는 실수가 있습니다. 바로 '충동 매매'입니다. 충동 매매에는 여러 부작용이 따릅니다. 종목도 잘 모르고, 원하는 가격에 사지도 않았기에 조그만 가격 움직임에도 심리가 많이 흔들립니다. 사업도 마찬가지이지만 주식 매매도 프로세스를 정립하면 리스크 관리 및 수익률 개선에 많은 도움이 됩니다. 모든 투자자들은 프로세스를 정립해 주식을 운용하고 있다고 보면 됩니다. 개인투자자가 무슨 프로세스냐고 반문할 수도 있지만 여러분들도 나름 프로세스를 정립해 투자하고 있습니다. 이를 조금 더 구체화하면 됩니다.

필자가 권하는 프로세스는 다음과 같습니다. 사전정보 수집 및 분석(Study), 투자후보군 선정(Pool), 매매타이밍 포착 및 투자(Investment) 그리

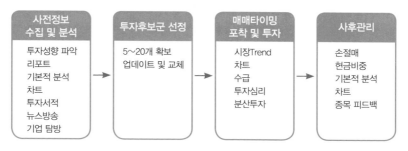

주식투자 프로세스(SPIM)

사전정보 수집 및 분석	투자후보군 선정	매매타이밍 포착 및 투자	사후관리
투자성향 파악 리포트 기본적 분석 차트 투자서적 뉴스방송 기업 탐방	5~20개 확보 업데이트 및 교체	시장Trend 차트 수급 투자심리 분산투자	손절매 현금비중 기본적 분석 차트 종목 피드백

고 사후관리(Management)입니다. 알파벳 첫 글자만 따서 SPIM으로 이름을 붙였습니다.

1. 사전 정보 수집 및 분석

주식에 투자하기 전, 투자성향을 파악하고 자료를 수집하고 분석하는 모든 행위를 말합니다. 과거에는 정보를 취득하기가 상당히 제한적이었습니다. 하지만 이제는 인터넷상에 재무제표 분석, 기업 분석 리포트 등 무수히 많은 정보가 공유되고 있으며 다양한 분석자료가 있습니다. 필요한 정보를 곳곳에서 찾아볼 수 있지만 어디에 있는지 아는 것도 중요합니다.

투자를 결정하기 전에 꼭 해야 하는 것이 있습니다. 기업 탐방입니다. 기업 탐방을 하면 책상에서 생각했던 것과 다른 결론이 나옵니다. 기업 탐방을 수백 번 했지만 사전에 내린 결론과 일치했던 적은 거의 없었습니다. 실제로 가서 보고 담당자와 질의응답을 해보면 사전 분석과는 다른 점이 발견됩니다. 생각보다 좋았던 기업보다는 생각보다 안 좋은 기업이 더 많았습니다. 그러나 개인투자자가 기업 탐방을 직접 하는 것은 그리 쉬운 일이 아닙니다. 전화를 해도 IR담당자가 홀대하는 경우가 많습니다. 결국 우리는 기업 탐방을 다녀온 애널리스트들의 리포트에 의존할 수밖에 없습니다. 그러나 증권사 리포트의 투자 의견은 매수인 경우가 많고 목표가도 현재가와 다소 괴리가 있습니다. 투자하고자 하는 기업의 리포트는 여러 애널리스트의 리포트와 비교해야 하고 가장 보수적인 리포트는 반드시 봐야 합니다. 인터넷 검색으로도 좋은 정보를 얻을 수 있습니다. 비록 기업에 대한 내용들을 가볍게 다룬 것이 대부분이지만 가끔은 참 잘 분석한 글도 발견됩니다. 자료를 검색하기 전에 스스로 많은 부분을 파악하는 것이 가장 중요합니다. 그렇지 않다면 참조가 아니라 의존이 될 수도 있습니다.

우리는 정보에 있어서 '풍요 속의 빈곤' 시대에 살고 있습니다. 너무나 많은 정보가 있지만 우리에게 꼭 필요한 정보는 별로 없습니다. 정보는 우리가 아는 만큼 보이기 마련입니다. 피터 린치는 "연구하지 않고 투자하는 것은 포커를 하면서 카드를 보지 않는 것과 같다"고 했습니다. 주식시장에서 행운에 의지하지 않고 이길 수 있는 방법은 역시 꾸준히 노력하는 것입니다.

2. 투자후보군 선정

잘 모르는 종목에 투자해서 좋은 수익을 바라는 것은 투자가 아니라

도박입니다. 거래소시장과 코스닥시장을 합해서 약 2,000여개 종목이 상장되어 있습니다. 이를 다 아는 것은 사실상 불가능합니다. 개인투자자라면 잘 아는 종목 10개만 있어도 충분합니다. 10개가 많으면 5개도 좋습니다. 여기서 잘 안다고 함은 최근 영업현황과 주식흐름, 실적, 밸류에이션 등을 누구보다 잘 아는 것입니다. 그런데 시간이 지남에 따라 새로운 종목이 눈에 들어옵니다. 매력도가 떨어지는 종목은 다른 큰 주머니로 이동하고 새로운 종목은 현재 관심 있는 작은 주머니에 집어넣으면 됩니다. 1년 정도 이 과정을 거치면 큰 주머니(Pool) 속에 30~40개 종목을 확보할 수 있을 겁니다. 그런데 종목이 많아질수록 머릿속에 관련 내용을 모두 저장하기가 만만치 않습니다. 그래서 왜 이 종목을 선택했는지 그 이유를 요약해야 합니다.

필자는 오랫동안 기업 분석의 양식을 사용해 정리하고 있습니다. 어떤 것은 자료를 조사하고 고민하는 데 일주일 이상 걸리기도 했고 어떤 것은 하루면 충분한 적도 있었습니다. 그리고 큰 주머니에 있는 종목 중 관심이 사라져 기억조차 안 나는 경우도 있었습니다. 이런 경우 요약 자료를 다시 꺼내서 들여다보면 다시 분석하고 생각을 정리하는 데 반나절도 걸리지 않습니다. 이렇게 선정하면 모르는 종목에 투자하는 일이 거의 없습니다. 웬만하면 현재 투자하고자 하는 종목들이 큰 주머니에 있기 때문에 정확히 분석하여 발 빠르게 대처할 수 있습니다. 주머니들을 잘 관리하면 많은 돈을 벌게 해주는 요술주머니가 됩니다.

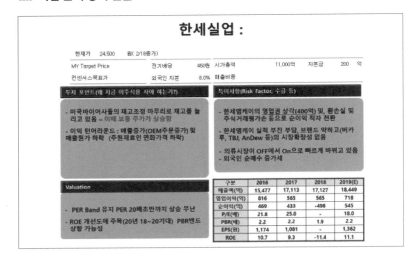
🏦 **기업 분석 양식 샘플**

3. 매매타이밍 포착 및 투자

분산투자의 중요성은 아무리 강조해도 지나치지 않습니다. 이론적으로는 15개 내외의 대형주에 분산투자하면 개별 종목의 리스크는 거의 상쇄된다고 합니다. 그러나 개인투자자가 그렇게 많은 종목에 투자하는 것은 만만치 않습니다. 적어도 3개 이상의 종목에 투자하면 위험을 많이 줄일 수 있습니다. 자금이 커질수록 종목수도 늘려야 합니다.

매매타이밍을 정확히 예측한다는 것은 거의 불가능에 가까운 일입니다. 매수는 기술이고 매도는 예술이라는 말이 있듯이 매매에서도 매도가 더 어렵습니다. 그러나 필자의 경험으로는 둘 다 똑같이 어려운 일이고 매도가 어려운 것은 매수를 쉽게 하기 때문일 수도 있습니다. 필자도 기업의 가치 분석이나 기술적 분석 등을 통해 매매 가격을 정하지만 목표한 가격에서 매수한 적은 절반이 안 됩니다. 목표한 매수가와 매도가에 도달하면 다시 망설이게 되고 가격을 수정합니다.

매매타이밍을 포착하는 일은 어렵습니다. 극복 방법으로 분할 매수, 분할 매도 방법이 있습니다. 약세장일 때는 몇 번에 나눠서 사고, 강세장일 때는 몇 번에 걸쳐서 파는 것입니다. 이렇게 하면 약세장에서는 성급히 사는 것을 방지하고 강세장에서는 빨리 팔아 후회하는 것을 막을 수 있습니다. 주식을 바닥에서 사서 꼭대기에 파는 것은 불가능하지만 성급히 매매하는 것을 방지하고 특히 강세장에서는 높은 수익률을 거둘 수도 있습니다. 앞서 소개한 333 매매 방식도 한 예입니다. 매매할 때 기술적 분석 기법을 활용하는 것도 좋습니다. 단, 의존도를 너무 높이지 않는 선에서 한두 가지 자신에게 맞는 기법을 참조하는 것이 좋습니다.

4. 사후관리

열심히 분석해서 매수한 후 목표 매도가를 마냥 기다리는 것은 어리석은 일입니다. 종목에 대한 정보를 계속 업데이트하면서 지속적인 모니터링이 필요합니다. 투자 당시에는 분석을 제대로 했더라도 시간이 지남에 따라 기업의 가치도 변하고 가치에 영향을 미치는 뉴스나 재료가 생겨납니다. 모든 뉴스나 재료가 기업 가치에 영향을 주는 것은 아닙니다. 그러나 어떤 뉴스는 기업 가치에 크게 영향을 미칩니다. 예를 들어, 금융주에 투자하고 있는 경우 금리가 미치는 영향을 고민해야 합니다. 또한 미중 무역분쟁처럼 예상치 못한 변수가 생길 수도 있습니다. 우리는 새로운 변수가 투자 기업에 어떤 영향을 미칠지 분석하고 행동해야 합니다. 처음 분석한 것이 맞는지 아니면 잘못 판단했는지에 따라 계속 보유할지, 목표 매도가를 변경할지, 비중을 축소 혹은 확대할지, 손절매할지 등을 결정해야 합니다.

손절매는 참 어려운 결정입니다. 그러나 주식투자를 하다 보면 쓰라린 결정을 내려야 합니다. 손절매는 명확한 원칙이 있어야 합니다. 그렇지 않으면 가격이 예상보다 하락했을 때 당황할 수 있으며 무조건 보유하는 어리석은 누를 범하게 됩니다. 또한 손절매를 한 종목이 오를 수도 있습니다. 참 곤혹스러운 일입니다.

대부분의 전문가는 손절매 원칙을 가지고 있습니다. 필자가 근무했던 기관에서도 마찬가지였습니다. 처음에는 룰이 이해되지 않았습니다. 그러나 시간이 지나고 경험이 쌓이면서 룰이 참 중요하다는 것을 깨달았습니다. 손절매 룰에는 정해진 원칙이 없습니다. 20년 전 필자가 근무하던 회사는 10% 룰이 있었습니다. 10% 이상 하락 시 특별한 경우가 아니면 손절매를 실행했습니다. 기관투자자 역시 대부분 손절매 룰이 있습니다. 필자는 보통 15% 선에서 결정합니다.

사후관리에서 또 하나 중요한 것은 기록입니다. 매매 결과를 간단히 남기는 것입니다. 그 동안 해왔던 주식 매매 중 생각대로 이루어진 것은 거의 없었습니다. 처음부터 분석을 잘못했거나, 의사결정을 중간에 바꿨거나, 투자심리가 흔들렸거나 등 매매가 마음에 들지 않은 경우가 한두 번이 아니었습니다. 잘못된 판단으로 처음부터 실패한 투자도 있었고 대박 종목을 초반에 팔아버린 경우도 많았습니다. 우리가 시장에서 계속 게임을 하는 한 실수 역시 계속하게 됩니다. 기록으로 잘 정리해두면 실수를 줄일 수 있습니다.

좋은 조언자는
가까이

주식투자를 가장 효율적으로 하는 방법은 무엇일까요? 그것은 바로 주식 고수에게 맡기는 것입니다. 즉, 남의 머리를 빌리는 것이죠. 만약 주식 고수가 곁에 있고 그가 별 대가 없이 도와준다면 얼마나 좋을까요? 우리는 아무런 노력 없이 그저 고수가 찍어주는 종목만 사고팔면 됩니다. 당연히 사고파는 타이밍도 그가 정해주겠죠. 그러나 안타깝게도 이 세상에 이러한 고수는 존재하지 않습니다. 설사 있다 해도 여러분 곁에 없습니다.

우리가 주식투자에서 하는 대표적인 머리 빌리기가 간접투자입니다. 전문가에게 일정 수수료를 내고 합법적으로 의뢰하는 것이죠. 간접투자를 싫어하거나 수익률에 욕심이 많은 분들은 개별투자자의 길을 걷게 됨니다. 물론 직접투자와 간접투자를 병행하는 분들도 많습니다. 개별투자 시 가장 위험한 것은 독단적으로 판단하고 단정 짓는 일입니다. 물론 이제는 온라인에서도 많은 정보를 얻을 수 있고 카페나 블로그 등에서 교류를 통해 좋은 조언자를 접할 수 있습니다. 또 오프라인에서 좋은 조언자를 만나면 더욱 좋습니다. 온라인보다 더 친밀한 관계를 유지할 수 있으며 대면 접촉을 통해 신뢰를 구축할 수 있기 때문입니다. 금융기관에는 좋은 조언자들이 많이 근무하고 있습니다. 그러나 여러분의 성향에 맞는 조언자를 찾으려면 어느 정도 발품과 비용은 감수해야 합니다.

그럼, 조언자를 만나게 되면 좋은 점은 무엇일까요? 본인의 생각을 점검할 수 있고 더 많은 정보를 접하게 되며 궁극적으로는 높은 수익률을 거둘 수 있습니다. 인간은 누구나 다음과 같은 심리적 오류에 빠집니다. 확증 편향과 선택적 자각입니다. 우리는 어떤 종목에 매력을 느낄 때 다른 사람보다 잘 알고 있다고 믿습니다. 그러나 내가 알고 있는 내용은 이미 남들도 다 알고 있습니다. 그 종목에 투자 의지가 강할수록 혹은 이미 보유하고 있는 경우라면 심리적 오류는 더 심해집니다. 경고 사이렌이 울려도 무시하기 일쑤입니다. 또한 주식은 대부분 호재와 악재가 공존합니다. 이런 성향이 강할수록 호재만 더 눈여겨보게 됩니다. 훌륭한 조언자들의 의견을 듣다 보면 오류에 빠져 실수를 범할 가능성이 줄어듭니다.

훌륭한 조언자를 찾지 못하더라도 모임에서 많은 도움을 얻을 수도 있습니다. 견해를 물을 수도 있고 새로운 정보를 얻을 수도 있습니다.

주식투자자에게 필요한 자질에는 여러 가지가 있지만 남의 얘기를 귀 담아듣는 유연성도 많이 필요합니다. 조언자와 주변 사람들에게 의견을 묻고 항상 자신의 판단을 검증하시기 바랍니다. 중요한 것은 자신의 수준을 높일수록 좋은 조언자를 만날 확률이 높다는 것입니다.

　훌륭한 조언자는 책이나 인터넷에서도 찾을 수 있습니다. 특히 월스트리트를 주름잡았던 대가들의 명언에는 소중한 조언이 담겨 있습니다. 이들의 조언만 잘 새겨도 주식 서적 여러 권을 읽는 것보다 훨씬 큰 도움이 됩니다. 대가들의 명언 중 우리에게 가장 도움이 될 만한 구절들을 성격별로 구분했습니다. 이들의 명언들은 투자 자세와 투자 심리에 관한 내용이 많습니다. 대가들은 투자 자세와 투자 심리에 대해서 하고 싶은 말이 많았던 모양입니다. 여기에 언급된 구절 외에도 조금만 수고를 한다면 더 많은 명언들을 인터넷에서 쉽게 찾을 수 있습니다.

주식 대가들의 명언

1. 투자 철학과 자세

하느님도 그렇지만 시장은 스스로 돕는 자를 돕는다. *워런 버핏*

능력 범위 안에 있는 기업만 평가할 수 있으면 된다. 능력 범위의 크기는 중요하지 않다. 하지만 자신의 능력 범위는 반드시 알아야 한다. *워런 버핏*

주식투자의 성공은 비밀 공식이나 컴퓨터 프로그램, 각 종목과 주식시장의 가격이 보내는 신호에 좌우되지 않는다. 그보다는 전염성 강한 감정에 지배되지 않는 사고방식과 행동방식을 갖추고, 이와 더불어 훌륭한 판단력을 갖춘 투자자가 성공을 거둘 것이다. *워런 버핏*

투자자들은 제정신이 아닐 정도의 근성과 인내심을 결합할 필요가 있다. 그리고 기회가 눈앞에 나타나면 덥석 낚아챌 준비가 돼 있어야 한다. 이 세상에서 기회라는 것은 그리 오래 머물러 있지 않기 때문이다. *찰리 멍거*

주식을 보유하는 것은 아이를 기르는 것과 같다. 당신의 능력을 넘어서는 주식에 관심을 기울이지 마라. *피터 린치*

기업을 공부하지 않고 주식에 투자하는 것은 포커를 칠 때 카드를 보지 않고 돈을 거는 것과 같다. *피터 린치*

투자할 때 최소한 냉장고를 고를 때만큼의 시간과 노력을 기울여라. *피터 린치*

주식투자에 뛰어들려면 기꺼이 위험을 감수하겠다는 정신적 준비운동이 필요하다. 확실한 수익을 보장해주는 주식시장은 세상 어느 곳에도 없다. *앙드레 코스톨라니*

다른 사람의 투자방식을 그대로 복제한 것이 아니라면 어떤 투자 철학도 하루 아침에, 아니 한두 해 정도의 짧은 시간에 완성될 수 없다. 자신이 저지른 실수로부터 배우는 매우 고통스러운 방법이 가장 좋은 투자 방법이다. *필립 피셔*

2. 시장 분석

아무리 똑똑한 전문가라도 장세 흐름을 정확히 예측하기는 힘들다. 장세보다는 기업을 보고 투자하라. *피터 린치*

우리는 정치와 경제에 대한 예측을 계속 무시할 것이다. 이들은 투자자와 사업가들의 마음을 흐트러뜨리는 값비싼 요물이기 때문이다. 베트남전 확대, 2번의 오일쇼크, 대통령 사임, 소련 해체, 다우지수의 508포인트 폭락 등을 30년 전에 예측한 사람은 아무도 없다. *워런 버핏*

시장을 인정하라. *제시 리버모어*

3. 기본적 분석

투자수익을 올릴 수 있는 비결은 월가의 전문가들로부터 얻을 수 있는 것이 아니다. 당신은 이미 그 비결을 가지고 있다. 당신이 잘 알고 있는 기업이나 산업분야에 투자하면 전문가들보다 더 나을 수 있다. *피터 린치*

좋은 회사는 선택하기 쉬운 의사결정들을 연속적으로 제시하는 반면에, 나쁜 회사는 계속해서 끔찍한 선택만을 제시하며 의사결정을 극도로 어렵게 만든다. *워런 버핏*

우리는 금융시장 전반을 분석하며, 이해할 수 있는 회사를 찾을 뿐이다. 그리고 그 회사들이 지속적인 경쟁력을 가지고 있는지, 신뢰할 만한 경영진이 있는지, 가격이 합리적인지를 알아본다. *워런 버핏*

지속적 경쟁우위를 가진 기업을 파악해놓고 주가가 맞아야만 방아쇠를 당겨야 한다는 사실을 기억하라. 좋은 가격은 내일 당장 찾아올 수도 있고, 5년이 지나서 찾아올 수도 있다. *워런 버핏*

이상적인 기업은 자기자본수익률(ROE)이 아주 높고, 그 수익을 동일한 사업에 재투자할 수 있는 기업이다. *찰리 멍거*

기업의 미래를 추정하는 가장 좋은 방법은 치밀하고 끝없는 사실 수집이다. 될 수 있는 한 많은 현장의 자료와 데이터, 사실들을 수집하고, 사람들을 만나 데이터를 교차 검증하는 수밖에 없다. *필립 피셔*

단기적으로는 수요와 공급에 의해서 시장 가격이 결정된다. 하지만 시간의 지평이 길어질수록 수요와 공급에 영향을 주는 근본적 요소가 시장 가격을 지배한다. *세스 클라만*

주식 분석이란 거의 재미없고, 아주 사소한 것들까지 챙겨야 하는 어려운 작업이다. 따라서 기업을 제대로 평가하고 주식의 적정한 가치를 매기는 훈련을 충분히 쌓지 않는다면, 주식투자가 패가망신의 지름길이 될 것이다. *랄프 웬저*

비싼 것보다는 싼 것을 꾸준히 매입하기 위해서는 다른 투자자들보다 통찰력에서 앞서야 한다. 그러면 다른 투자자들이 찾을 수 없거나, 찾지 않을 것에서 최고의 투자 대상을 발견할 수 있다. *하워드 막스*

4. 투자 심리

강세장은 비관 속에 태어나 회의 속에 자라며 낙관 속에 성숙해 행복 속에 사라진다. *존 템플턴*

주식시장은 적극적인 자에게서 참을성이 많은 자에게로 돈이 넘어가도록 설계되어 있다. *워런 버핏*

평범한 지능을 갖추고 있다면 조바심을 절제할 수 있어야 한다. 조바심 때문에 많은 투자자들이 문제에 부딪힌다. *워런 버핏*

우리는 비관론이 있을 때 투자하고자 한다. 우리가 비관론을 좋아해서가 아니라, 비관론 덕분에 주가가 저렴해지기 때문이다. *워런 버핏*

대중을 따라하는 것은 평균으로 후퇴하겠다는 말이다. *찰리 멍거*

주식시장에서 질투는 미친 짓이다. 100% 파멸을 부른다. 일찌감치 질투에서 벗어나면 인생이 훨씬 나아진다. *찰리 멍거*

투자의 성공 여부는 얼마나 오랫동안 세상의 비관론을 무시할 수 있는지에 달려있다. *피터 린치*

내가 엄청난 투자의 오류를 하나 고른다면, 그것은 주가가 오르면 자신이 투자를 잘 했다고 믿는 사고방식이다. *피터 린치*

사람들이 이제 주식시장으로 돌아가도 안전하겠다고 느끼기 시작하는 순간부터 주가가 하락하는 것은 자주 일어나는 일이다. *피터 린치*

상황을 비관적으로 봐서 얻을 것은 아무것도 없다. *피터 린치*

투자자가 대중의 히스테리에 파묻히지 않으려면 훈련해야 하며, 냉정하다 못해 냉소적이기까지 해야 한다. *앙드레 코스톨라니*

현명한 투자자는 비관주의자에게서 주식을 사서 낙관주의자에게 판다. *벤저민 그레이엄*

투자자들은 가격이 하락할 때 공포를 이기는 법을 배워야 하며, 가격이 상승할 때 너무 열광하거나 욕심부리지 않는 법을 깨달아야 한다. *세스 클라만*

5. 매매

잘 사기만 한다면 절반은 판 것이나 다름없다. 보유 자산을 얼마에, 언제, 누구에게, 어떤 방법으로 팔지에 대해 고심하느라 많은 시간을 보내지 않아도 된다는 의미다. 자산을 저가에 매수했다면 위의 문제들은 저절로 해결될 것이다. *하워드 막스*

예상보다 좋지 않은 상황이 전개될 경우 즉시 매도하라. *앙드레 코스톨라니*

6. 리스크 관리

투자란 철저한 분석을 통해 원금을 안전하게 지키면서도 만족스러운 수익을 확보하는 것이다. 그렇지 않으면 투기다. *벤저민 그레이엄*

가끔 자신이 보유한 종목의 리스트를 살펴보고 지금도 그 선택이 옳은지 검토하라. *앙드레 코스톨라니*

최고의 투자자들은 절대 수익을 목표로 삼지 않는다. 우선 위험에 집중하고, 그리고 나서야 위험을 감수할 만한 수익률이 기대되는지 여부를 결정하게 된다. *세스 클라만*